◆ 이 책에 대한 찬사 ◆

질문에 관한 이 특별한 책은 손에서 놓을 수 없을 정도로 훌륭하다. 저자들은 비즈니스에서 성공하는 비법보다 제대로 된 질문을 아는 것이 더 중요하다고 말한다. 《질문이 답을 바꾼다》는 질문이 필요한 다양한 상황에 맞는 필수적인 질문 326개를 우리에게 빌려준다.

― 〈포브스〉

탁월한 질문은 미지근한 대화를 흥미진진한 순간으로 바꿀 수 있다. 저자들은 《질문이 답을 바꾼다》에서 질문의 힘을 입증하고 있다. 이 책은 너무나 뛰어나며 모든 사람들에게 정말 유용하다.

― 〈글로브앤드메일〉

질문은 고객의 마음을 움직일 뿐 아니라 답을 만들어낸다. 훌륭한 질문은 겉도는 대화를 멈추게 하고 관계와 감정을 변화시키며 비즈니스의 성공을 돕는다. 새로운 고객에게 다가가야 하는 비즈니스 현장에 있는 사람은 누구나 이 책을 읽어야 한다.

― AmericanExpress.com 선정 'Top 10 Business Books for the Summer'

당신이 누군가에게 줄 수 있는 최고의 선물은 그 사람의 생각을 물어본 다음 그의 말에 성심성의껏 귀를 기울여주는 것이다. 저자들은 이런 관점을 토대로 하여 실질적이고 강력한 조언을 들려준다. 그것은 때로 삶을 바꿔놓을 수도 있는 놀라운 답변을 이끌어내는 강력한 질문을 던지라는 것이다.

― 랠프 슈레이더(Ralph W. Shrader), 부즈앨런해밀턴(Booz Allen Hamilton) 회장 겸 CEO

놀라운 책이다. 우리에게 강편치를 먹인다. 이 책은 대화를 올바른 방향으로 이끌어 나아가도록 도와주며 경청하는 능력을 길러준다. 상대방의 머리와 마음속으로 들어가도록 이끌어주는 《질문이 답을 바꾼다》를 강력하게 추천한다.

— 존 슐리프스케(John Schlifske), 노스웨스턴 뮤추얼(Northwestern Mutual) 회장 겸 CEO

이 책의 저자들은 상대방이 대답하지 않을 수 없는 정확한 질문을 던짐으로써 어떤 상황에서든 깊게 파고 들어가는 방법을 알려준다. 이 멋진 책을 늘 손에 닿는 가까운 곳에 두어라. 당신 삶의 구석구석을 풍부하게 만들어줄 질문들이 담겨 있으니까.

— 켄 블랜차드(Ken Blanchard), 《칭찬은 고래도 춤추게 한다》, 《1분 경영수업》의 저자

프랭클린 루스벨트, 소크라테스, 셰익스피어, 예수의 공통점이 무엇일까? 저자들에 따르면 그들은 모두 '답을 바꾸는 질문'을 던지는 방법을 알았다. 《질문이 답을 바꾼다》를 읽으면 당신도 그렇게 될 수 있다.

— 마셜 골드스미스(Marshall Goldsmith), 《모조》, 《일 잘하는 당신이 성공을 못하는 20가지 비밀》의 저자

손에 집어 들기는 쉽지만 내려놓기는 어려운 책이다. 이 책은 굳건한 인간관계를 맺기 위한 진정한 지침서다. 처음부터 끝까지 읽든 아니면 회의를 준비하는 데 도움이 되는 페이지만 골라서 읽든, 이 책은 당신에게 귀중한 자원이 되어줄 것이다.

— 프랭크 디수자(Frank D'Souza), 코그니전트(Cognizant)의 CEO

백악관에서 일하는 동안 나는 질문에 대답하는 기술을 익혔다. 하지만 곰곰이 생각해보면 진짜 중요한 것은 '적절한 질문을 던지는 것'이다. 이 책의 저자들은 그 기술을 꿰뚫고 있다. 《질문이 답을 바꾼다》는 효과적인 커뮤니케이션의 힘을 활용하고 싶은 사람에게 꼭 필요한 도구다.

— 마이크 매커리(Mike McCurry), 빌 클린턴 대통령의 전 공보비서

사람들은 누구나 고객이나 친구, 가족과 의미 깊고 진정한 관계를 맺고 싶어한다. 이 책은 그러한 관계를 만들기 위해 강력한 질문을 활용하는 법을 알려주는 놀랍고도 실제적인 가이드이다. 당장 이 책을 읽고 실천하라. 그러면 당신의 대화와 인생이 변화할 것이다.

― 스티브 토머스(Steve Thomas), 익스페리언(Experian)의 글로벌 세일즈 담당 사장

《질문이 답을 바꾼다》는 고객이나 배우자, 또는 자녀에게 필요한 바를 효과적으로 이해하는 데 유용한 도구를 제공한다. 적절한 방식으로 적절한 질문을 던지는 기술을 설명해준다. 매력적인 책이다.

― 로버트 밀리건(Robert Milligan), 미국 상공회의소 전(前) 소장,
네이처스 버라이어티(Nature's Variety) 창립자 겸 회장

우리가 진정한 힘과 영향력을 지닌 삶을 살도록 도와주는 놀라운 책이다. 문제를 해결하는 힘, 타인과 진정한 관계를 맺을 수 있는 힘, 자기 자신을 더 잘 이해할 수 있는 힘 말이다.

― 캘 터너(Cal Turner), 달러 제너럴(Dollar General)의 전 CEO 겸 회장

이 책은 "내가 상대방에게 관심을 갖고 있음을 어떻게 보여줄까?"라는 질문에 대한 답을 들려준다. 그 답은 바로 '신중하고 강력한 질문을 던지는 것, 그리고 상대방의 대답에 진심으로 귀 기울이는 것'이다.

― 조지프 화이트(B. Joseph White), 일리노이 대학교 명예총장이자 비즈니스 및 리더십 과정 교수
《파충류처럼 냉정하고 포유류처럼 긍정하라》의 저자

나는 무릎을 치며 이 책을 읽었고 지금은 우리 전 직원에게 필독하게 하고 있다. 두 저자는 진심으로 상대에게 귀 기울이는 것이 얼마나 중요한지 일깨워주며 가장 소중한 정보를 얻을 수 있는 도구를 우리 손에 쥐여준다.

― 애러스토틀 할리키아스(Aristotle Halikias), 리퍼블릭 뱅크(Republic Bank)의 CEO 겸 회장

《질문이 답을 바꾼다》를 읽으면서 내가 사용할 수 있는 수백 개의 질문을 목록으로 만들어보았다. 나는 어떻게 하면 상대방에게서 많은 것을 이끌어낼 훌륭하고 효과적이며 신중한 질문을 할 수 있을지 늘 고심해왔다. 이 책이 그 고민을 속 시원히 풀어주었다.

— 미셸 이스턴(Michelle Easton), 클레어 부스 루스 정책연구소(Clare Boothe Luce Policy Institute) 소장

다양한 일화와 조언들로 가득한 이 책은 상대를 대화에 적극적으로 참여시키고 상대에게서 많은 것을 이끌어내는 데 필요한 질문을 가르쳐준다. 술술 쉽게 읽힌다. 나는 이 책에서 고객과의 관계를 개선하기 위한 많은 새로운 아이디어를 얻었다.

— 다이애나 브라이트모어 아머(Diana Brightmore-Armour),
로이드 뱅킹 그룹(Lloyds Banking Group) 기업뱅킹 부문 CEO

이 책을 읽고 나면 당신의 인간관계는 완전히 달라질 것이다. 이해하기 쉬운 '스토리텔링' 스타일로 쓰인 이 책은 재미와 깊이를 겸비하고 있다. 또 여기에 담긴 교훈은 〈포춘〉 500대 기업 CEO, 교사, 부모, 열네 살짜리 내 아들 등 그 누구에게나 유용하고 가치 있다.

— 애덤 리더(Adam L. Reeder), 크레디트 스위스 퍼스트 보스턴(Credit Suisse First Boston)의 전무이사

질문이 답을 바꾼다

POWER QUESTIONS
Build Relationships, Win New Business, and Influence Others
by Andrew Sobel and Jerold Panas

Copyright ⓒ 2012 by Andrew Sobel and Jerold Panas
All Rights Reserved. This translation published under license.
Korean translation rights arranged with John Wiley & Sons, USA
through Danny Hong Agency, Korea.

Korean translation copyright ⓒ 2012 by Across Publishing Group, Inc.

이 책의 한국어판 저작권은 대니홍 에이전시를 통한
저작권사와의 독점 계약으로 어크로스출판그룹(주)에 있습니다.
저작권법에 의해 한국 내에서 보호를 받는 저작물이므로 무단 전재와 복제를 금합니다.

탁월한
질문을 가진
사람의 힘

질문이 답을 바꾼다

앤드루 소벨, 제럴드 파나스 지음
안진환 옮김

어크로스

탁월한 질문의 힘

얼마 전 서점에 들러 신간 코너를 살펴보다 재미난 제목 하나에 눈길이 갔다. "자살을 할까, 커피나 한잔할까?" 마침 답을 바꾸는 질문의 중요성을 다룬 이 책의 번역 작업을 막 마쳤던 터라 슬며시 웃음이 배어나왔다. 그래, 일상적인 삶의 고민에 대해서는 이렇게 '열린 질문'을 던져야 마땅하지. "당장 자살해야 옳지 않은가?"와 같은 식의 '닫힌 질문'으로는 고민만 깊어질 뿐이라는 생각이 든 것이다. 사실 오늘을 살면서 자살 생각 한 번 안 해본 사람이 몇이나 되겠는가. 다행히도 대부분 이런 문제에 대해서는 '열린 질문'을 던질 줄 아는 지혜를 발휘한다. 생각해보면 자살 말고 할 일이 얼마나 많은가. "밥 먼저 먹을까? 오랜만에 친구나 만날까? 밀린 일부터 처리할까?……"

영화 〈올드보이〉의 클라이맥스가 기억나는가. 가둔 자가 갇힌 자에게 일갈하는 장면 말이다. "자꾸 틀린 질문을 하니까 틀린 답을 하는 거예요. 왜 가뒀느냐가 아니라 왜 풀어줬느냐를 생각했어야죠." 가둔 이유에만 집착하던 갇힌 자(그리고 모든 관객)의 뒤통수를 치는 대단한 반전이다. 아울러 문제 해결의 핵심은 '올바른 질문'에 달려 있음을 다시금 일깨우는 장면이 아닐 수 없다.

문제의 핵심에 직접 이르기 위한 도구이자 잠긴 문을 활짝 열어젖히는 열쇠, 대화를 예상치 못한 방식으로 새롭게 변모시키는 힘을 지닌 질문이 바로 답을 바꾸는 질문이다. 그리고 이것이야말로 성공한 사람들이 보유하는 여러 역량 가운데 단연 으뜸가는 기술이다. 이는 동서고금의 다양한 사례로 입증된 사실이다. 대답 대신 질문으로 제자의 잘못을 일깨웠던 소크라테스, "쿼바디스 도미네"란 질문으로 순교의 길을 택한 베드로, 인간 구원의 질문으로 깨달음을 얻은 석가모니, 기존과 다른 질문으로 새로운 우주를 연 아인슈타인 등등 역사 속 위대한 인물들은 강력한 질문의 힘을 활용할 줄 알았다.

우리 주변에서도 탁월한 질문의 위력을 쉽게 확인할 수 있다. 노무현 전 대통령이 국민적 스타로 부상한 계기가 무엇이었나. 청문회에서 보여준 촌철살인의 적합한 질문들 아니었던가. 손석희 교수가 시사 프로그램 최고의 사회자로 각광받는 이유도, 법륜 스님의 즉문즉설에 찬사가 쏟아지는 이유도, 사회적 명사들의 이른바 '청춘 콘서트'들에 사람들이 몰리는 이유도 다 적절한 질문의 중요성과 힘을 이해하기에 그런 것 아니겠는가. 뿐만 아니다. 대선 후보들도 대개는 출사표를 던지기에 앞서 스스로에게 질문부터 던졌음을 역설한다. 그들이 얼마나 적합한 질문을 던졌느냐에 따라 우리 국민의 앞날이 결정되는 셈이다.

결국 그만큼 질문이 중요하다는 뜻이다. 아무 질문이나 바라는 효과를 안겨주는 것은 아니다. 시간과 공간, 대상과 방법이 고루 반영된 탁월한 질문만이 위력을 발휘할 수 있다는 의미며, 이것이 바로 성공과 진정한 관계를 가능케 하는 역량이라는 얘기다. 이 책은 탁월한 스토리텔링으로 질문의 힘을 제대로 이해하고 깨닫고 활용하도록 돕는다. 정치적 담판이나 비즈니스 협상에서부터 고객 확보, 가정 문제, 친구 관계, 구애 등에 이르기까지 질문의 용도는 무한하다. 모쪼록 이 책을 통해 적합하고 힘 있는 질문으로 문제를 해결하고 관계를 개선하며 성공의 활로를 여는 질문의 달인으로 거듭나길 바라는 바이다.

2012년 가을
안진환

옮긴이의 말 •	탁월한 질문의 힘	008
PROLOGUE •	질문을 보면 어떤 사람인지 알 수 있다	014

PART 1
당신은 어떤 질문을 가진 사람입니까

CHAPTER 1	내 말만 하느라 상대방을 보지 못했다	021
CHAPTER 2	짧지만 저항할 수 없는 한마디	029
CHAPTER 3	타인의 성공 비밀을 전수받는 방법	035
CHAPTER 4	첫 단추를 잘못 끼웠을 때	042
CHAPTER 5	닫힌 질문이 필요한 시간	047
CHAPTER 6	절대 해서는 안 될 '그 질문'	054
CHAPTER 7	세상에서 가장 어려운 질문	063
CHAPTER 8	높은 분들을 미소 짓게 만드는 질문	070
CHAPTER 9	대화의 주파수를 맞추고 싶을 때	077

PART 2
마음을 열어주는 현명한 질문들

CHAPTER 10	대화의 보물 상자를 여는 법	085

CHAPTER 11 진심 어린 교감이 필요할 때 ················· 091
CHAPTER 12 완전한 침묵이 완벽한 질문이 될 때도 있다 ··········· 097
CHAPTER 13 그래요? 좀 더 자세히 말해주세요 ················ 103
CHAPTER 14 당신의 사망 기사를 작성해보세요 ··············· 109
CHAPTER 15 이 질문은 언제나 긍정적이다 ················· 118
CHAPTER 16 딜레마에 빠진 친구에게 ··················· 125
CHAPTER 17 상대의 숨겨진 열정을 알아내는 질문 ············ 132
CHAPTER 18 아주 특별한 저녁 시간을 여는 질문 ············· 139
CHAPTER 19 잠시 멈추세요, 그리고 생각하세요 ············· 144

PART 3
사람을 키우는 질문은 어떻게 하는가

CHAPTER 20 리더는 '어떻게'가 아니라 '왜'를 묻는다 ············ 155
CHAPTER 21 스티브 잡스의 가혹한 질문 ················· 161
CHAPTER 22 현명한 스승은 실패에 대해 질문한다 ············ 168
CHAPTER 23 예수의 질문법 ······················· 178
CHAPTER 24 더 깊이, 본질에 접근하라 ················· 185
CHAPTER 25 당신이 묻고 싶은 게 무엇입니까 ·············· 191
CHAPTER 26 피터 드러커가 가르쳐준 다섯 가지 질문 ·········· 198

PART 4
회의 테이블을 지배하는 승자의 질문들

CHAPTER 27 카터 대통령의 인기가 급락한 이유 ············· 209

CHAPTER 28 '그냥'이라는 말의 적신호 · 218
CHAPTER 29 하버드 MBA에서는 소크라테스 질문법을 가르친다 · · · 223
CHAPTER 30 나무가 아니라 숲을 봐야 할 때 · 229
CHAPTER 31 한 번만 질문을 했더라면 · 235
CHAPTER 32 불평을 그치게 만드는 특효약 · 242
CHAPTER 33 회의를 마치고 난 후 · 247

EPILOGUE · 질문은 모를 때만 하는 것이 아니다 · · · · · · · · · · · · · · · · 253
부록 · 답을 바꾸는 293개의 탁월한 질문들 · · · · · · · · · · · · · · · · · · 260

질문을 보면 어떤 사람인지 알 수 있다

시카고의 한 고층 빌딩 40층에 자리 잡은 햇살 가득한 사무실. 우리는 한 기업의 CEO와 마주 앉아 있었다. 우리는 그에게 물었다. "당신과 계약을 체결하려는 누군가와 만났을 때 당신에게 가장 깊은 인상을 남기는 요인은 무엇입니까? 사업 관계 초기에 상대방을 신뢰할 수 있는지 판단하는 기준은 무엇입니까?"

이 CEO는 120억 달러 규모의 기업을 운영하는 리더였다. 우리는 그가 가장 신뢰하는 비즈니스 관계에 대해 인터뷰를 하는 중이었다. 그의 회사가 지속적으로 거래하는 서비스 제공자와 공급업자들, 그가 신뢰하는 핵심 조언자 그룹에 속하는 개인들과의 관계에 대해서 말이다.

그는 이렇게 답했다. "저와 계약을 맺으려는 컨설턴트나 은행가, 또는 변호사가 얼마나 경험 많고 통찰력 있는 사람인지 저는 단박에 알 수 있습니다. 그들이 어떤 '질문'을 하는지, 그리고 제 말을 얼마나 집중해서 듣는지 보면 알 수 있죠. 참 간단하지요?"

그가 들려준 관계 구축의 핵심 요인에 대한 직접적이면서도 포괄적인 대답은 우리가 그동안 조언을 하거나 인터뷰한 수많은 사람을 통해 발견했던 사실을 다시금 확증해주었다. 바로 '좋은 질문은 종종 대답보다 훨씬 더 큰 힘과 영향력을 지닌다'는 사실이다.

훌륭한 질문은 생각을 자극하여 의견을 재고해보게 만든다. 훌륭한 질문은 문제의 틀을 재구성하고 문제를 재정의한다. 또 좋은 질문은 우리가 가장 확고하게 믿는 가정에 찬물을 끼얹으며 전통적인 사고방식에서 벗어나게 이끈다. 좋은 질문은 더 많은 것을 배우고 발견하도록 우리를 자극한다. 그리고 삶에서 무엇이 가장 중요한지를 일깨운다.

역사를 되돌아보면 소크라테스나 예수처럼 변화를 이끈 인물들은 질문을 이용해 커다란 효과를 얻어냈다. 그들의 질문은 가르침을 위한 도구이자 주변 사람들에게 잊을 수 없는 변화를 주는 수단이었다. 이 책에서 우리는 이 두 인물의 질문 방식도 배울 것이다.

또 우리는 기업의 리더, 정부 각료, 갑부, 변호사, 의료 센터 CEO 등 다양한 분야의 인물들도 만나보았다. 이들은 모두 흥미로운 사람들이며(당신이 아는 이름도 있을 것이다), 이들에게 파워 퀘스천(power question)은 상황 전개를 결정짓는 중심축이었다.

알베르트 아인슈타인(Albert Einstein)과 피터 드러커(Peter Drucker) 같은 20세기 최고의 지식인들도 생각과 호기심을 자극하는 질문을 즐겨 던졌다.

어느 날 아침, 젊은 아인슈타인은 꽃밭에 눈부시게 쏟아지는 햇빛을 바라보며 속으로 이런 질문을 던졌다. "빛을 타고 이동하는 게 가능할까? 내가 빛의 속도로 날아가거나 또는 그 속도를 능가할 수 있을까?" 훗날 그는 친구에게 이렇게 말했다. "나한테는 특별한 재능이 없다네. 다만 지독하게 호기심이 많을 뿐이지."

드러커는 경영 분야에서 가장 중요한 권위자들 중 한 명이다. 그는 고객들에게 날카로운 질문을 던지는 시간을 갖는 것으로 유명했다.

처음부터 무조건 조언을 하는 대신 드러커는 간단하면서도 예리한 질문을 던지곤 했다. 예컨대 "당신이 몸담고 있는 사업이 어떤 사업이라고 생각합니까?", "당신의 고객들은 무엇을 가장 중요하게 여깁니까?" 같은 질문이었다.

어떤 기자가 드러커를 컨설턴트라고 표현하자 그는 고개를 내저으며 자신은 '인설턴트(insultant)'라고 말했다('모욕하다, 무례하게 굴다'라는 뜻의 'insult'와 'consultant'를 합친 표현─옮긴이). 자신이 고객에게 까다롭고 직접적인 질문을 자주 던진다는 것을 인정하는 의미였다.

뛰어난 예술가들 역시 질문의 역할을 간파한다. 문학사상 가장 유명한 희곡 구절이 하나의 질문을 중심으로 한다는 사실은 결코 우연이 아니다. 셰익스피어의 희곡에서 햄릿은 삶과 죽음의 문제를 고뇌하며 말한다. "사느냐 죽느냐, 그것이 문제로다."

이 책에서 지향하는 질문은 답을 바꾸는 질문이다. 당신과 상대방이 나누는 대화를 예상치 못한 방식으로 새롭게 변모시키는 힘을 지닌 질문 말이다. 이러한 탁월한 질문은 문제의 핵심에 직접 이르기 위한 도구이며 잠긴 문을 활짝 열어젖히는 열쇠이다.

이후의 34개 장에서는 하나 또는 그 이상의 강력한 질문을 통해 변화를 이끌어낸 대화나 상황을 소개할 것이다. 우리는 질문을 언제, 어떻게 활용할 수 있는지 보여주기 위해 흔히 마주칠 수 있는 일상생활 속의 사례를 택했다. 부록 '답을 바꾸는 293개의 탁월한 질문들' 부분에는 추가로 293개의 질문을 실었다. 일터나 개인적인 삶에서 만나는 다양한 상황에서 이 질문들을 유용하게 활용할 수 있을 것이다.

질문의 힘을 활용하는 법을 배우면 일터와 개인적 삶에서 당신의 영향력을 현저히 높일 수 있다. 이 책은 당신이 효과적으로 인간관계를 맺고 그것을 더욱 깊이 발전시킬 수 있도록, 그리고 제품이나 서비스, 아이디어를 더욱 효과적으로 판매할 수 있도록 도울 것이다. 또 주변 사람들이 스스로 예상했던 것보다 더 많은 노력을 쏟고 능력을 발휘할 수 있도록 그들에게 동기를 부여하는 방법도 알려줄 것이다. 이 책을 읽고 나면 당신은 고객과 동료, 친구의 마음을 움직일 줄 아는 사람이 될 수 있다.

변화를 이끌어내는 훌륭한 질문을 이용할 마음의 준비가 되었는가? 자, 지금부터 시작해보자.

PART 1

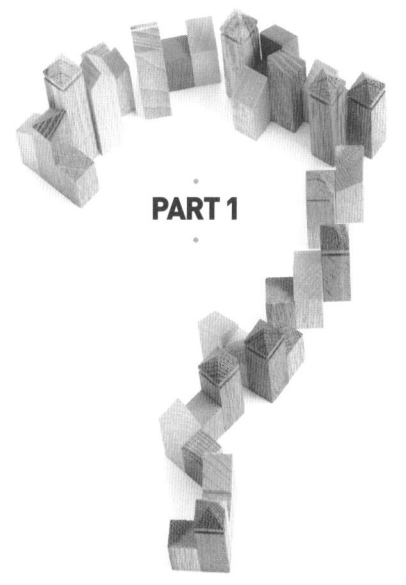

당신은 어떤 질문을 가진 사람입니까

chapter

1

내 말만 하느라
상대방을
보지 못했다

  그날의 일은 지금 생각해봐도 얼굴이 화끈거린다. 젊은 혈기의 순진함이 빚어낸 참화였다. 당당하게 빛나고 싶었던 나는 바닥에 얼굴을 처박는 꼴이 되고 말았다.

  1960년대 록그룹 프로콜 하럼(Procol Harum)의 노래 중 한 구절은 그때의 내 상황을 완벽하게 표현한다. "해롱해롱한 나의 뇌는 밝게 빛나고 있네. 완전히 미쳐서."

  우리 회사는 대기업인 한 이동통신사와 컨설팅 계약을 맺기 위해 미팅을 가질 예정이었다. 나는 막 회사의 파트너로 승진한 상태였고 새로운 대형 고객을 유치해 회사에서 주목받고 싶은 마음이 굴

똑같았다. 아, 그 열망이 너무 컸다.

나는 계약을 반드시 성사시키겠다고 단단히 작정했다. 그래서 우리가 최고의 컨설팅 회사라는 사실을 뒷받침해줄 다량의 자료들로 완전 무장을 한 채 미팅 자리에 나갔다. 우리 회사가 최고의 선택안일 뿐만 아니라 그들에게 딱 맞는 '유일한' 컨설팅 회사라는 점을 납득시킬 계획이었다.

우리는 세 명이고 저쪽은 다섯 명이었다. 그들 중 몇 명은 막중한 책임을 지고 있는 부사장으로, 최고위직은 아니었지만 충분히 높은 직급의 중역들이었다. 그들은 널찍한 회의실로 우리를 안내했다. 탁자가 원목이 아니라 검정색 합판인 것으로 보아 중역 회의실은 아니었다. 하지만 그 정도면 충분히 격조를 갖춘 장소였고 우리는 흡족한 표정으로 주위를 둘러봤다.

나는 탁자 위에 두툼한 바인더들을 내려놓았다. 상당한 분량의 파워포인트 슬라이드 자료들로 세부사항을 잔뜩 담고 있었다.

나중에 깨달았지만 이것은 완전히 빗나간 준비였다.

나는 우드로 윌슨(Woodrow Wilson)을 공부했어야 했다. 그가 남긴 이 말을 알았어야 했다. "나는 10분짜리 연설을 하려면 일주일의 준비 기간이 필요합니다. 15분짜리는 사흘, 30분짜리는 이틀이면 되고 1시간짜리 연설은 준비 없이 언제라도 할 수 있습니다." 나는 간결성에 대해 전혀 준비가 되어 있지 않았다.

이윽고 고객의 첫 번째 질문, 즉 첫 폭격이 날아왔다. 가벼운 내용이었다. 망치고 말고 할 것도 없는 질문이었다.

"회사 소개부터 간단히 해주실래요?"

나는 우리가 그들을 도울 수 있는 요건을 두루 갖춘 유일한 회사라는 사실을 분명하게 납득시키고 싶었다. 먼저 회사의 역사에 대해 들려주었다. 두 개의 컨설팅 회사를 합병하여 오늘에 이른 과정을 소상히 설명했다. 내가 직접 경험한 과정이었기에 내 생각엔 몹시 흥미로운 스토리였다.

다음으로 우리 회사의 고객층을 소개하고 우리가 가장 중시하는 방법론 몇 가지를 설명했다. 고객과의 협업을 위해 조인트 팀을 구성한다는 점, 고객의 목소리에 귀를 기울인다는 점을 강조했다. (나는 너무 경험이 부족한 애송이라서 이 두 번째 내용을 강조하는 나자신이 모순덩어리임을 깨닫지 못했다.)

나는 핵심 사항을 하나라도 빠뜨릴세라 열심히 설명했다. 그들이 내 설명에 깊은 인상을 받아 그 자리에서 계약을 맺을 것이라고 믿어 의심치 않았다.

하지만 나는 우리의 자격을 설명하는 데 너무 집중한 나머지, 테이블 맞은편의 고객을 거의 잊고 말았다. 이야기를 하는 데 열중하다 보면 시간 가는 줄 모르기 십상이라는 사실을 그때는 인식하지 못했다.

30분쯤 지났을까. 동료들과 나는 마침내 프레젠테이션을 끝냈다. 방 안에 침묵이 흘렀다.

부사장 한 명이 서류철을 향해 손을 뻗었다. 우리에게 알려주고 싶은, 저들의 전략 계획을 담은 자료일까? 아니면 우리가 접촉해야 할 사내의 다른 중요 인사가 누구인지 보여주는 이 회사의 조직도? 아니었다. 그녀가 집어 든 것은 자신의 다이어리였다. "많은 도움이 되었습니다. 수고하셨어요. 다음 미팅에 서둘러 가봐야 해서요."

이미 늦었다! 직접적인 교감을 거의 형성하지 못했다. 아니, 사실 전혀 형성하지 못했다. 우리는 그들의 목표나 현안, 어려움에 대해 사실상 아무것도 파악한 것이 없었다. 기회를 놓친 것이다. 어느새 우리는 회의실 밖으로 안내되고 있었다.

(이 글을 쓰는 지금 밥 딜런(Bob Dylan)의 노래 〈마이 백 페이지즈(My Back Pages)〉의 후렴구가 떠오른다. "아, 하지만 그때 나는 훨씬 더 고루했지. 지금 이 그때보다 더 생동감이 넘쳐." 그리고 인생에 실수란 없다는, 오직 교훈을 주는 경험만이 있다는 생각이 든다.)

그 일이 있고 1년 후. 나는 유사한 계약을 맺기 위해 선임 파트너 드위트(DeWitt)와 함께 고객 미팅에 참석했다. 드위트는 이런 종류의 미팅을 수도 없이 경험한 백전노장이었다. 말하자면 이쪽 분야의 현자였다. 그리고 고객은 우리에게 똑같은 질문을 던졌다. "회사 소개부터 해주시면 어떨까요?"

드위트는 잠깐 생각에 잠기더니 고객을 쳐다보며 물었다. "저희 회사에 대해 어떤 점을 알고 싶으신가요?" 그러고 나서 입을 다물었다.

(우리는 흔히 질문을 하고 나서 잠깐이라도 정적이 흐르면 표현만 살짝 바꿔

서 같은 질문을 다시 던진다. 정적을 참을 수가 없기 때문이다. 하지만 드위트는 그렇지 않았다. 그는 오히려 정적을 느긋하게 즐겼다. 언젠가 그는 내게 이렇게 말했다. "할 말을 다 했거나 질문을 던졌으면, 더 이상 중언부언하지 말게!")

그러자 고객이 좀 더 구체적으로 나왔다. "아 네, 물론 우리도 그쪽 회사가 어떤 일을 하는지 대략은 아는데요. 특히 제가 알고 싶은 것은 아시아 쪽에서 어느 정도의 역량을 발휘하고 있는지, 그리고 내부적으로 어떤 식으로 협업을 진행하는지 하는 부분입니다." 이때부터는 자연스럽게 서로 적극적으로 대화를 주고받는 분위기로 흘러갔다.

"혹시 '내부적인 협업'에 대해 궁금해하는 특별한 이유가 있으신지요?" 드위트가 물었다. 그런 후 몇 가지 세심한 질문을 덧붙였다. 그리고 최근에 고객들과 진행했던 몇 가지 프로젝트를 예로 들어가며 설명했다. 그들과 유사한 고객을 우리가 어떤 식으로 도왔는지 잘 보여주는 흥미로운 사례였다.

드위트의 질문들 덕분에 우리는 이 기업이 다른 컨설팅 회사에 불만족을 느낀 경험이 있었음을 알아냈다. 그 컨설팅 회사는 자칭 글로벌 기업이라고 광고했지만 각 지역 부서들 간에 협력이 제대로 이뤄지지 않았던 것이다. 알고 보니 이 고객은 아시아권 확장 계획을 갖고 있었다. 우리는 이들이 외부의 조력을 구하는 이유도 알 수 있었다.

드위트는 내가 결코 잊지 못할 또 다른 행동도 보여주었다. 고객 앞에서 자기 자신이 아니라 '나'를 치켜세워준 것이다! 자신이 쌓은

25년의 경험이라든가 업계에 관한 폭넓은 지식을 강조하는 대신, 그는 나 같은 사람을 팀원으로 두어서 몹시 행운이라고 이야기했다. 내가 사내에서 가장 똑똑하고 열심히 일하는 젊은 파트너들 중에 한 명이라면서 말이다. 그렇게 나를 칭찬했다!

그날 미팅 분위기는 1년 전 이동통신사와의 미팅과 확연히 달랐고 논의 내용도 훨씬 더 풍부했다. 새로운 비즈니스 관계의 출발치고는 매우 좋은 조짐이었다.

일주일 후 이 회사는 드위트에게 전화를 걸어, 좀 더 상세하게 논의를 해보자며 우리를 다시 초청했다. 그리고 계약이 맺어졌다. 드위트는 그로부터 8년 후 은퇴할 때까지 이 회사에 컨설팅을 제공했다. 현재 이 회사는 내가 담당하는 고객이다. 평생의 고객.

그날 미팅 이후, 나는 어디를 가든 기꺼이 드위트의 가방을 들어주었다.

▲ ▲ ▲

누군가 "당신 회사에 대해 말씀해주세요."라고 하면, 상대가 더 구체적으로 나오게 만들어라. 이렇게 물으면 된다. **"우리 회사의 어떤 점을 알고 싶으신가요?"**

마찬가지로, 누군가 "당신에 대해 말씀해주세요."라고 요청하면 이렇게 되물어라. **"나의 어떤 점을 알고 싶으신가요?"**

▼ ▼ ▼

"우리 회사의 어떤 점을 알고 싶으신가요?"

누군가 우리에게 질문을 던졌을 때, 정확히 알고 싶은 점이 무엇인지 좀 더 구체적으로 표현해달라고 되묻는 경우는 드물다. 답변자가 엉뚱한 대답을 5분간 늘어놓는 모습을 지켜본 적이 있는가? 답변자는 자신이 들었다고 생각하는 질문에 답을 하고 있지만 사실은 물어본 내용과 다른 답을 하고 있는 경우 말이다. 이것은 듣는 이에게도 고역이다.

항상 상대방이 알고 싶어하는 내용을 구체적으로 되묻는 질문을 던져라. "당신에 대해 말씀해주세요"라는 질문을 받으면 생년월일부터 시작해 몇 시간 동안 떠들 수도 있을 것이다. 하지만 나의 이력 중 어느 부분에 가장 관심이 있는지 되묻고 거기서부터 시작하는 편이 훨씬 현명하다.

언제 사용할까

- 대답이 길어질 수 있는, 일반적인 질문을 받았을 때
- 시간이 없어서 짧은 답변으로 상대가 알고 싶어하는 바를 정확히 충족시켜줘야 할 때

어떻게 사용할까

- "제 이력 중 특히 어느 부분에 관심이 있으신가요?"
- "제가 그 상황의 어느 측면에 초점을 맞췄으면 하는지요?"
- "답변을 드리기 전에 먼저 묻고 싶습니다. 혹시 이전에 저희 회사를 경험할 기회가 있으셨나요?"

◆ "그 전에 먼저, 귀사와 비슷한 고객들과 작업했던 사례 몇 가지를 설명해드리면 어떻겠습니까?"

이어지는 질문
◆ "질문하신 사항에 충분한 답변이 되었나요?"
◆ "다른 궁금한 사항은 없으십니까?"

chapter
2

짧지만
저항할 수 없는
한마디

"한마디만 해주면 돼. 딱 한마디만."

나는 조지의 사무실에 앉아 있었다. 조지는 분을 삭이지 못한 채 씩씩대며 사무실 안을 왔다 갔다 했다. 그가 지나간 카펫 위에 발자국이 생길 정도다.

조지는 남동부에 위치한 큰 대학의 부총장이었다. 나는 여러 명의 대학 교직원과 일해봤지만 조지는 그중에서도 최고에 속한다.

"진정하게. 그러다 폭발하겠어. 일단 좀 앉아보게. 한마디만 하면 된다니? 대체 그게 무슨 뜻인가?"

조지가 이야기를 털어놓았다. 공교롭게도 전에도 들었던 얘기다.

그는 대학의 고위 직원들과 회의를 막 마치고 돌아온 상태였다. 아무것도 변한 게 없었다.

"총장을 모시고 또 그 바보 같은 회의를 했어. 자기 생각이 어떻고, 하고 싶은 게 뭐며, 자기가 판단한 우선순위가 어떻게 되고, 자신의 리더십 아래서 학교가 어떻게 돌아가고 있는지 꼬박 세 시간 동안 늘어놓더군."

조지는 총장의 그칠 줄 모르던 설교에 대해 불평을 쏟아냈다. 어떤 사람들은 귀가 있어도 귀를 기울일 줄 모른다. 총장이 바로 그랬다.

"한 번이라도 우리 생각을 물어봤으면 좋겠어. 딱 한 번만이라도 이 한마디만 해줬으면 좋겠어. '여러분은 어떻게 생각합니까?'"

조지의 말은 백번 옳다. "당신은 어떻게 생각합니까?"라는 질문은 간단하지만 매우 강력하다. 이 질문을 던짐으로써 당신은 상대방의 의견을 구하게 된다. 당신과 대화하는 상대방은 당신이 자기 말에 귀를 기울여주길 원한다. 상대가 말을 너무 많이 한다고 불평하는 사람은 있어도, 너무 많이 들어준다고 불평할 사람은 없다.

헨리 데이비드 소로(Henry David Thoreau)는 어느 날 저녁 일기장에 이렇게 적었다. "오늘 나는 최고의 존중을 받았다. 어떤 사람이 내 생각을 묻더니 내 대답에 성의껏 귀를 기울여주었다."

스케이트화를 처음 신으면 몹시 어색하기 마련이다. 경청의 기술도 마찬가지다. 어디서부터 시작해야 할지 난감하고 어색할 수 있다. 조지의 한마디가 훌륭한 출발점이 될 수 있다. "당신은 이 점에 대해 어떻게 생각합니까?" 혹은 "그것에 대해 어떻게 느낍니까?" 하고 물어라.

이런 유형의 질문은 그 밖에도 수없이 많다. 이것을 '열린 질문(open-ended question)'이라고 한다. 이런 질문에는 "예" 또는 "아니요"라고 단답형으로 대답할 수 없으며 긴 서술형 대답이 나올 수밖에 없다.

그런 다음에는 듣기만 하면 된다. 단, 집중해서 성의껏 들어야 한다. 퀘이커 교도들은 이것을 '경건한 경청(devout listening)'이라고 한다.

이런 방식이 반(反)직관적으로 느껴질지도 모른다. 하지만 질문을 던지고 나서 경청하면 당신이 대화를 주도하게 된다. 당신의 질문이 상대방의 대답을 요구하기 때문에 당신이 우위를 점하기 시작한다. 타인의 말을 경청하는 사람은 어딜 가나 환영받고 인기가 많을 뿐만 아니라 시간이 지나면 중요한 것을 배울 수 있다.

얼마 전 경청의 중요성을 새삼 환기한 일이 있었다. 옛날 서류철을 넘겨보다가 우연히 프랭클린 D. 루스벨트 대통령의 캐리커처를 발견했다. 그림 속에서 루스벨트는 지팡이에 몸을 의지한 채 상체를 앞으로 숙인 자세로 두 명의 남자에게 귀를 기울이고 있다. 노숙자로 보이는 두 남자가 루스벨트를 불러 세운 것 같다.

그 그림을 어디서 얻었는지는 기억이 나지 않는다. 하지만 그것은 내게 퍽 귀중한 보물과 같다. 노숙자 중 한 명은 체구가 왜소하고 지저분한 행색이다. 그는 양손을 주머니에 찔러 넣은 채 루스벨트와 거의 닿을 듯한 거리에서 얼굴을 들이밀고 있다. 다른 한 명은 몸집이 더 크고 나이도 있다. 남루한 코트를 입었고 면도를 하지 않은 탓에 수염이 텁수룩하다.

루스벨트가 즐겨 쓰는 회색 중절모는 늘 그렇듯 살짝 찌그러져 있다. 그는 상체를 앞으로 한껏 기울이고 있다. 두 남자의 생각을 묻고 있는 모양새다. 그는 남자들이 말하는 단어 하나하나에 집중한다. 그림 밑에는 이런 문구가 적혀 있다. "그는 우리의 의견을 물을 줄 안다."

"당신은 어떻게 생각합니까?" 짧지만 강력하고 저항할 수 없는 한마디다. 경청해주기를 바라는 것은 인간을 움직이는 가장 강력한 본성 가운데 하나가 아니던가. 사람은 누구나 상대방이 자기 말에 귀 기울여주기를 원한다!

여러 연구에 따르면, 우리는 우리 이야기에 진심으로 귀를 기울이는 사람에게 가장 큰 관심을 쏟는다. 사람들이 가장 갈망하는 것은 두 가지다. 인정받는 것, 그리고 상대가 자기 말에 귀 기울여주는 것.

이 한마디보다 더 강력한 말은 없다. "당신은 어떻게 생각합니까?"

참고로 덧붙이자면, 조지의 이야기는 해피엔딩으로 끝난다. 대학총장은 주지사 선거에 출마해 당선되었고 조지는 총장 자리를 이어받았다. 아, 그리고 한 가지 더. 실명을 거론하지 않았을 뿐, 이 이야기는 실화다.

훌륭한 경청자라는 신망을 쌓아라. "당신은 어떻게 생각합니까?" 하고 물음으로써 상대방에게 관심을 갖고 있음을 보여주고 상대방의 입을 열어라.

질문 사용법

"당신은 어떻게 생각합니까?"

"대부분의 사람들은 상대방이 자신의 부탁을 들어주는 것보다 자신의 이야기를 들어주기를 바란다." 영국의 필립 체스터필드(Philip Stanhope, 4th Earl of Chesterfield)는 이렇게 말했다. "당신은 어떻게 생각합니까?"라는 강력한 질문을 던져 주위 사람들로 하여금 자신의 의견이 존중받는다고 느끼게 만들라. 상대방의 수문이 열리면, 당신은 거기서 쏟아져 나오는 이야기를 빨아들이는 스펀지가 돼라.

그리고 경청하라. 최대한 집중하여 진심 어린 태도로 들어라. 침묵에도 귀를 기울여라. 눈으로도 경청하라. 귀를 활짝 열어라!

질문을 하고 나서 당신 마음에 들지 않는 대답을 들을 수도 있다. 그것은 당신이 감수해야 하는 리스크다. 진보의 씨앗은 불만족을 느낀 사람 속에 뿌리를 내린다는 사실을 기억하라. 신발 속에 작은 돌멩이가 있으면 자꾸 신경이 쓰이는 법이다.

언제 사용할까
- 어려운 상황에 대해 논하거나 향후의 행동 방향에 대한 계획을 세울 때
- 당신의 견해를 표현하거나 어떤 제안을 내놓은 후
- 누군가가 당신에게 문제를 상의하러 왔을 때

어떻게 사용할까
- "저는 당신의 의견을 존중합니다. 이 문제에 대한 당신의 견해는 어떻습니까?"
- "당신의 관점을 설명해줄 의향이 있으십니까?"

이어지는 질문
- "이 사안에 대한 당신의 견해에 가장 큰 영향을 미친 요인이 무엇입니까?"
- "제가 알아야 할 다른 관점들이 혹시 있습니까?"

chapter
3

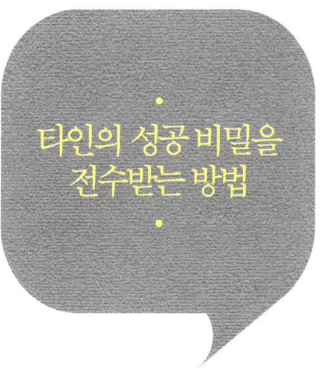
타인의 성공 비밀을
전수받는 방법

"제이는 돈을 빌려야 했어요. 하지만 저한테는 단돈 1센트도 없었죠."

나는 리치 디보스(Rich DeVos)와 함께 미시간 주 그랜드래피즈에서 가장 근사한 레스토랑인 '1913'에서 점심식사를 하고 있었다. 뉴욕에 있는 그 어떤 레스토랑과 비교해도 손색이 없는 멋진 곳이다. 리치는 자신이 가장 좋아하는 메뉴인 칠리 요리를 먹는 중이었다. 실은 두 그릇째였다.

서비스는 최고 수준이다. 그도 그럴 것이, 리치는 이 레스토랑의 주인이다. 사실 그는 이 레스토랑이 속한 호텔을 소유하고 있다. 또

길 건너의 메리어트 호텔과 그랜드래피즈 시내의 몇 블록을 소유하고 있다.

리치는 내가 만나본 가운데서도 단연 특별한 사람이다. 겸손하고 아량도 넓으며 열정이 넘치는 애국자다. 또 사람의 마음을 움직이는 강연가인 그는 청중으로 하여금 자리를 박차고 일어나 박수치며 환호하게 만든다.

그는 사람들에게 영감을 준다. 하나의 기나긴 창작 과정이라고 할 만한 그의 삶은 세인들의 박수를 받기에 부족함이 없다.

그리고 또 한 가지. 〈포브스(Fobes)〉는 그의 순자산을 무려 수십억 달러로 평가했다.

리치는 고등학교 동창이자 군대 동기인 제이 밴 앤델(Jay Van Andel)과 함께 암웨이(Amway)를 창업했다. 둘의 관계는 신기하고도 특별했다. 은퇴한 뒤에도 두 사람은 하루가 멀다 하고 연락하며 지냈다.

오늘날 암웨이는 200억 달러 규모의 기업으로 성장했으며 전 세계 80개국에 300만 명의 독립 사업주를 두고 있다.

사람의 마음을 움직이는 그의 능력은 한마디로 끝내준다. 언젠가 나는 그의 열정적인 30분짜리 연설을 들은 적이 있다. 나는 그 자리에서 당장이라도 암웨이 판매원이 되고 싶었다! 리치가 가장 자랑스러워하는 점은 자신이 많은 사람을 백만장자가 되도록 이끌었다는 것이다. 백만장자가 된 사람이 수백 명에 이른다고 한다.

나는 그에게 말했다. "리치, 당신의 성공 스토리는 정말 놀랍습니다. 처음에 어떻게 시작됐습니까?"

《이상한 나라의 앨리스(Alice In Wonderland)》에서 '킹 오브 하츠(King of Hearts)'는 앨리스에게 이렇게 말했다. "출발점에서 시작해. 그리고 끝에 다다를 때까지 계속 가야 해."

리치가 들려준 이야기는 마치 꾸며낸 이야기 같지만 전부 실화다.

"제이와 나는 대학에 갈 마음이 없었습니다. 시간이 아까웠거든요. 우리는 기업가가 되고 싶었어요. 하지만 당시에는 기업가의 진정한 의미도 잘 몰랐던 것 같아요. 군대를 제대한 이후 우리는 함께 우리만의 사업을 하고 싶었어요. 그게 아메리칸드림이라고 믿었던 거죠. 처음엔 전세 비행기 사업에 뛰어들었습니다. 하지만 잘 안 풀렸어요. 그래서 다음은 뭘 해야 할까 고민했지요."

(나는 경험을 통해 배우고 경험은 실수를 통해 얻는다는 말이 새삼 떠올랐다. 윈스턴 처칠은 열정을 잃지 않고 한 번의 실패에서 다음 실패로 계속 나아가야만 성공할 수 있다고 말했다.)

"전세기 사업에 실패한 직후 제이가 뉴트리라이트(Nutrilite)에 대해 알게 됐습니다. 건강기능식품을 만드는 회사였지요. 우리는 조사를 마친 끝에 뉴트리라이트 제품의 판매자로 활동해보기로 했습니다. 그러자면 일단 세일즈 키트와 샘플을 사야겠더라고요. 50달러가 필요했죠. 하지만 우리한테는 그 정도의 돈이 없었습니다. 비즈니스를 시작하기 위해 제이가 50달러를 빌려야 했습니다. 저는 1센트도 보탤 수가 없었죠. 그게 벌써 아주 오래전 얘기가 되었군요.…… 시간이 흐르면서 우리 사업은 꽤 커졌습니다. 저와 제이 밑에서 일하는 판매자들이 5000명에 이르렀습니다. 우리는 더 다양한 제품군을 원했습니다. 그래서 1959년 아메리칸 웨이 어소시에이션(American Way Association)을 만들었어요. 나중에 암웨이로 이름을 바꿨죠. 우리를 따라올 사람은 아무도 없었어요."

리치는 암웨이의 성장에 대한 흥미진진한 스토리를 풀어놓는다. 나중에 암웨이는 단순한 유통사 이상의 기업이 되었다. 암웨이는 하나의 삶의 방식이었다. 또 의욕과 성실함만 갖추면 학력이나 배경과 상관없이 누구나 성공할 수 있는 조직이었다.

리치와 나는 점심 테이블에서 거의 세 시간을 보냈다. 하지만 회사가 어떻게 시작됐는지에 관한 이야기가 진짜 핵심이었다. 누구도 들어보지 못했을 경이로운 스토리로 나를 인도한 것은 내가 초반에 던진 질문, 즉 "처음에 어떻게 시작됐습니까?"였다.

나는 똑같은 질문("처음에 어떻게 시작됐습니까?")을 메리 케이 화장품(Mary Kay Cosmetics)의 창업주 메리 케이 애시(Mary Kay Ash)에게도 던졌다. 그녀의 이야기 역시 놀라웠다. 미혼모였던 그녀는 갓난아기를 키울 돈을 벌기 위해 직업전선에 뛰어들어야만 했다고 한다.

달러 제너럴(Dollar General)의 캘 터너 주니어(Cal Turner, Jr.)는 속바지를 팔면서 비즈니스를 시작했다고 한다. 성공한 사업가들이 겪은 이런 놀라운 경험과 스토리는 수없이 많다.

한편 리치 디보스는 신의 계획에 따라 태어난 사람임이 틀림없다. 비즈니스 분야에서 그는 수많은 복과 행운을 누리고 있으니까.

"처음에 어떻게 시작되었습니까?" 이것은 아무리 유명하고 부유하고 높은 지위에 있는 사람이라도 입을 열게 만드는 질문이다. 또 당신의 친구나 동료, 또는 처음 만나는 사람에게도 얼마든지 던질 수 있는 질문이다. 그들의 입에서 당신의 예상보다 훨씬 흥미진진하고 놀라운 이야기가 흘러나올 것이다.

킹 오브 하츠의 조언을 따르라. 출발점에서 시작하라. "처음에 어떻게 시작되었습니까?"라는 질문은 값진 대화와 정보가 있는 경이로운 길로 당신을 인도할 것이다.

▲ ▲ ▲

"처음에 어떻게 시작되었습니까?"라고 물어라. 상대방의 이야기를 이끌어내 배움을 얻을 수 있고 적극적인 관계를 맺을 수 있다.

▼ ▼ ▼

"처음에 어떻게 시작되었습니까?"

이 질문이 갖는 최고의 장점은 당신과 상대방에게 즐거움과 열정, 영감을 가져다줄 대화의 문이 열린다는 점이다. "처음에 어떻게 시작되었습니까?"는 온갖 다채로운 스토리의 시발점이 된다. 소중하고 즐거움이 넘치는 일화들이 펼쳐진다. (물론 가끔은 가슴 아픈 얘기도 나올 것이다.) 그리고 때로는 그 이야기들이 우리에게 값진 웃음도 선사한다.

이 질문을 던짐으로써 때때로 당신은 상대방이 강렬한 후기심을 갖고 삶을 살아가는 사람임을 알게 될 수도 있다. 모든 것을 내걸고 모험을 감행하는 타입 말이다. 이들은 홀로서기를 두려워하지 않는다. 자신에게 열매가 돌아올 것이라는 사실을 알기 때문이다.

또한 "어떻게 시작되었습니까?"라고 묻는 순간 평범한 것이 비범한 것으로 변화한다. 당신의 친구이든 동료이든 혹은 낯선 사람이든, 그들은 저마다 귀중한 이야기를 하나씩은 갖고 있다. 직업은 어떻게 선택하게 됐는지, 배우자를 어떻게 만나게 됐는지, 우연히 방문한 로스앤젤레스에서 어떻게 평생의 인연을 만나 결국 그곳에 정착하게 됐는지 등등. 이런 이야기보따리를 풀어나갈 때 우리는 상대방과 교감하며 연결되기 마련이다.

언제 사용할까

- 현재의 직업을 어떻게 택하게 됐는지, 또는 상대방 삶의 다른 영역과 관련해 처음이 어떠했는지 등을 듣고 싶을 때 언제든 사용하라.

어떻게 사용할까

- 커플이라면, "두 분은 처음에 어떻게 만나서 결혼하게 됐습니까?"
- 화가나 음악가라면, "누구한테서 배웠습니까? 그런 재능을 어떻게 갈고 닦았습니까?"
- 상대와 상관없이, "어디에서 어린 시절을 보냈나요? 어떻게 이곳에 오게 됐습니까?"

이어지는 질문

- "당시에 어떻게 그런 결정을 내리게 됐습니까?"
- "당신이 가장 힘들게 얻은 교훈은 무엇입니까?"
- "만약 그때 일이 실패했다면 어떻게 됐을 것 같습니까?"

chapter 4

첫 단추를
잘못 끼웠을 때

"제대로 피울 줄 모르시는군요. 시가를 빨아서 들이마시다니." 그가 말했다. 표정이 굳어 있었다.

나는 앨런 페이버트와 그의 모교에 기부하는 문제에 대해 이야기하고 있었다. 그동안 앨런이 했던 이야기나 과거에 했던 기부로 미루어볼 때, 그는 모교에 대한 애정이 대단한 사람임에 틀림없었다. 나는 그가 큰 액수를 기부할 만한 경제력을 갖췄다는 것도 알고 있었다. 그도 내가 그런 사실을 안다는 것을 안다.

나는 앨런이 모교에 얼마나 헌신적인지 알았기에 이야기를 꺼내는 데 시간을 낭비하지 않았다. 인사를 나누자마자 본론으로 들어갔다.

"앨런, 당신이 모교를 얼마나 사랑하는지 잘 압니다. 당신이 졸업한 공과대학에 100만 달러를 기부해주셨으면 하는데요. 당신이 모교에 상당한 애착을 갖고 있고 최근 해마다 기부를 하셨다는 것도 압니다.……"

그때 갑자기 앨런이 말허리를 잘랐다. 그는 야구 글러브만 한 손을 흔들며 말했다.

"갑자기 나타나가지고는 다짜고짜 100만 달러를 기부하라고요? 제가 그 공과대학에 관심이 있다는 소리는 또 어디서 들었죠?"

체로키 인디언들이 전쟁터에 나가기 전에 하는 말이 있다. "오늘은 죽기 좋은 날이군." 내 심정이 바로 그랬다. 아니, 사실은 전투가 끝나고 들것에 실려 나가는 기분이었다. 나는 앨런을 쳐다보며 한숨을 크게 내쉬었다.

"아, 방금 전의 제 태도가 저도 믿기질 않는군요." (대체 무슨 생각으로 그랬을까? 유대감을 조성하려면 천천히 서로 시간을 가져야 하는데. 그런 다음 꽃잎에 내려앉는 나비처럼 부드럽고 조심스럽게 상대방의 의중과 동기를 살펴야 한다.) "부끄럽습니다. 당신에 대해 충분히 잘 안다고 생각하고 무턱대고 들이댔군요. 경솔하게 굴어서 죄송합니다. 용서해주십시오."

나는 서류가방과 코트를 들고 자리에서 일어났다. 인사말도 없이 말이다. 방을 나와 문을 닫았다.

그리고 약 20초 후, 나는 노크를 한 다음 문을 살짝 열고 고개를 들이밀었다.

"앨런, 잠깐 들어가도 괜찮을까요? 꼭 나누고 싶은 특별한 얘기가 있습니다. 대학교에 관한 거예요. 당신도 굉장히 흥미로워할 것 같습니다만……." 그리고 덧붙였다. "괜찮으시다면, 처음부터 다시 시작해도 될까요?" 앨런은 약간은 어이없다는 듯이 웃으면서 고개를 끄덕였다.

나는 담소를 나누고 그의 표정을 살피면서 이런저런 질문을 하기 시작했다. 무엇보다도, 내가 떠들기보다는 앨런이 이야기를 하도록 분위기를 끌어갔다. 애초에 그렇게 했어야 했다! 나는 열쇠를 꽂아 살살 돌리며 자물쇠를 따는 사람처럼 신중하게 대화를 이어갔다.

이야기를 들어보니 이랬다. 앨런은 공과대학에 기부하는 것에 전혀 관심이 없었다. 그보다는 그 대학의 연극 교육과정에 관심이 있었다.

그는 말했다. "제 아내 말고는 아는 사람이 거의 없습니다만, 사실 대학에 입학할 때 저는 연극 전공이었어요. 배우가 되고 싶었거든요. 나중에 공학으로 전공을 바꿨습니다. 오히려 다행이었죠. 세상에 형편없는 배우가 한 명 더 늘어날 뻔했으니까요. 만일 내가 기부를 한다면…… 아, 뭐 꼭 하겠다는 얘기는 아니지만요, 어쨌든 당신이 아까 갑작스럽게 방을 나가기 전에 언급했던 그 엄청난 액수에 대해 좀 더 얘기를 나눠보고 싶군요."

우리는 한참 동안 많은 이야기를 나눴다.

마침내 앨런은 이렇게 말했다. "아까 얘기했던 연극 교육과정 있잖습니까? (사실 이야기는 그가 다 했다. 나는 이따금 질문만 하나씩 던졌을 뿐이다.) 한 2~3년쯤 후라면 거기에 100만 달러를 기부할 수 있을 것 같습니다."

나는 감사한 마음에 속으로 시편을 외웠다.

▲ ▲ ▲

어색할 수도 있겠지만 대화를 처음부터 다시 시작하는 것은 용기와 배짱이 필요한 전략이다. 상대가 직장 동료이든 가족이든 활용해보라. 첫 단추를 잘못 끼워 상황이 꼬인 것 같다면 이렇게 물어라. **"괜찮다면 처음부터 다시 시작해도 될까요?"**

▼ ▼ ▼

질문 사용법

"괜찮다면 처음부터 다시 시작해도 될까요?"

탐색과 질문을 하기도 전에 다짜고짜 요구 사항부터 들이밀지 말라. 수영 못하는 사람을 깊은 물에 빠뜨리는 것과 비슷하다. 그 사람은 숨을 쉬러 수면 위로 다시 나오지 못할 수도 있다. 아니면 당신까지 끌고 들어가 함께 가라앉을 수도 있다.

사람들은 우리 생각보다 너그럽다. 그들은 마주 앉은 이와 즐겁고 기분 좋은 대화를 나누기를 원한다. "다시 시작해도 괜찮을까요?"라는 질문은 상대방이 마음의 빗장을 열고 미소 짓게 만든다. 그 미소가 새로 대화를 시작하는 것을 한결 쉽게 만들어줄 것이다.

언제 사용할까
- 대화를 시작한 분위기가 좋지 않을 때
- 친구 혹은 가족과 비생산적이고 감정적인 언쟁이 시작됐을 때

어떻게 사용할까
- "첫 단추를 잘못 끼운 것 같습니다. 다시 시작해도 괜찮을까요? 제 의도를 제대로 전달하지 못했어요."
- "잠깐 한발 물러서서 시간을 가져도 될까요? 우리가 얘기해야 하는 내용은 뭘까요?"

이어지는 질문
- "고맙습니다. 질문 하나 드려도 될까요?"
- "제가 본의 아니게 실언을 한 것 같으니 다시 시작하고 싶군요. 한 번 더 기회를 주시겠어요?"

chapter
5

닫힌 질문이
필요한 시간

리처드 코뉴엘(Richard Cornuelle)의 친필 서명이 담긴 책은 내가 몹시 아끼는 물건이다. 제목은 '아메리칸 드림의 복원(Reclaiming the American Dream)'이다. (이 문구를 마음에 들어 한 오바마 대통령은 그것을 자신의 책 제목에 사용했다.)

'나의 좋은 친구에게. 하는 모든 일이 잘되기를 빌며.' 그는 문장 끝에 자신의 애칭 '딕(Dick)'을 적었다.

솔직히 말하면, 그가 넘치는 호의를 베푼 것이었다. 우리는 그렇게 친한 친구는 아니었으니까. 그저 일 때문에 만나서 가까운 친분을 쌓은 사이였다. 이 둘이 어떻게 다른지는 아마 당신도 잘 알 것이다.

코뉴엘의 책은 나에게 잊을 수 없는 강한 인상을 남겼다. 물론 저자도 마찬가지였지만, 전국의 수많은 독자를 사로잡은 이 책은 〈뉴욕타임스(New York Times)〉 베스트셀러 목록에 수 주 동안 올라 있었다. 신선한 에너지와 대담한 기운이 느껴지는 책이었다. 한마디로 인간 영혼에 불을 지피는 불꽃이었다.

나는 정부 학자금 대출이 아니라 민간 은행을 통해 대학생들에게 학비를 지원하는 방법을 찾는 프로젝트에 참여하고 있었다. 딕 코뉴엘은 이 프로젝트를 선두에서 이끌고 있었다. 그와 함께 일할 때면 기병대의 돌격을 알리는 나팔 소리가 들려오는 기분이었다.

코뉴엘은 최근에 세상을 떠났다. 그는 거인이었고 천상을 향해 가지를 뻗은 우람하고 든든한 나무였다. 그의 책은 출간 당시 사람들에게 다소 충격을 안겨주었다. 하지만 많은 이들에게 새로운 방향을 알려주는 지침이 되었다.

그는 책에서 정부 자금에 의존하는 사회 개선 프로그램은 문제가 발생하거나 부패할 소지가 크다고 주장했다. 또 정부가 뛰어난 성과, 최소한의 개입, 아낌없는 자금 지원에 대해 말로만 강조한다고 지적했다. (악마는 친근한 모습으로 가장하고 나타나기도 한다는 햄릿의 말이 떠오른다.)

코뉴엘은 개인들과 자발적인 비영리 단체들의 역할을 강조했다. 그의 책은 개인들의 책임에 대한 일종의 '대헌장'이자 속세의 경전이 되었다.

'독립 부문(independent sector)'이라는 용어를 만든 것도 코뉴엘이었다. 그는 시급한 사회 문제들을 정부 개입 없이 해결할 수 있는 방법을 설명했다. 이러한 개념은 진보적인 것이었으며 후에 혁명적인 영향력을 발휘하게 된다.

그는 토크빌(Alexis de Tocqueville)을 즐겨 인용했다. 언젠가 내가 그의 사무실을 방문했을 때, 그는 두툼한 자료 뭉치를 꺼내더니 미국이 정부 개입 없이 문제를 해결할 수 있는 뛰어난 능력을 가지고 있다고 주장했던 토크빌의 사상을 소개해주었다.

민간 은행을 통해 대학생들에게 장학금을 지원해주는 우리의 프로그램은 큰 성공을 거뒀다. 짧은 기간 내에 우리는 400곳이 넘는 은행을 이 프로그램에 합류시켰다. 인생에서 맛보는 가장 커다란 기쁨 중에 하나는 남들이 하나같이 불가능하다고 하는 것을 성취하는 일이다.

코뉴엘이 그다음으로 뛰어들고자 했던 것은 빈곤층을 위한 주택 문제였다. 그의 의지는 흔들림 없이 확고했다. 오로지 그에게서만 볼 수 있는 확고함이었다. 기적 같은 일을 체험한 신자만큼 믿음과 확신이 넘쳤다.

하루는 그가 내게 말했다. "당신의 대답을 듣고 싶습니다. 지금 당장 말입니다."

코뉴엘은 내가 그 프로젝트에 참여할지에 대한 분명한 대답을 원했다.

"저와 함께할 겁니까, 아닙니까? '예'인지 '아니요'인지 말씀해주십시오." 그의 눈빛은 내 영혼 깊숙한 곳까지 꿰뚫어 보는 것처럼 강렬했다.

그런데 문제가 있었다. 물론 나는 그를 좋아했고 그의 철학을 지지했다. 하지만 내가 신경 써야 할 또 다른 프로젝트가 막 시작되는 무렵이었고 다른 지역으로 이사할 가능성도 있었으며 대학원과 관련된 일도 있었다. 나는 대답을 망설였다.

내 대답은 잠시 후에 알려주겠다. 그 전에 먼저, '고릴라 흙먼지'에 대해 설명하겠다. 어쩌면 당신도 들어본 표현인지 모르겠다.

수컷 고릴라 두 마리가 싸움이 붙으면 꽤 볼 만한 광경이 펼쳐진다. 두 녀석은 서로를 견제하면서 상대방 주위를 돌며 계속해서 원을 그린다.

그러다가 땅바닥을 긁어 흙을 한 움큼 집어 들고는 공중에 뿌리는데, 그러면 흙먼지 폭풍이라도 일어난 듯한 장면이 연출된다. 이것이 '고릴라 흙먼지'다. 결정적인 무언가는 하나도 일어나지 않고 고릴라들은 계속 상대방 주위를 빙빙 돌 뿐이다.

코뉴엘은 꽤 적절했다. 그는 '예' 아니면 '아니요'를 원했다. 고릴라 흙먼지는 결코 원치 않았다. 내가 그 프로젝트에 합류할지 말지를 알고 싶은 것이었다.

사람들은 직접적인 질문을 받으면 고릴라 흙먼지를 뿌릴 때가 많다. 직접적이고 분명한 대답을 하는 대신에 계속 빙빙 돌며 원만 그리는 것이다.

그들이 당신 요청을 수락할 것인지, 대답이 '예' 인지 '아니요' 인지 알아내는 것은 당신의 몫이다. 그들이 고릴라 흙먼지를 뿌리게 만들 것인지 좌우하는 것은 바로 당신이다. 분명한 대답을 이끌어내는 유일한 방법은 닫힌 질문(closed-ended question)을 던지는 것이다. '예' 입니까, '아니요' 입니까?

결정을 내려야 할 시간. 나는 작은 정부를 주장하는 이 강력한 전도사에게 답을 줘야 했다. 그와 함께 다음 프로젝트에 뛰어들 것인가 아니면 평생 무의미한 삶을 사는 데 만족할 것인가?

"좋습니다, 딕. 당신과 끝까지 가겠습니다."

만약 코뉴엘이 이렇게 말했다면 어땠을까? "나는 당신이 이 새로운 프로젝트에 합류하는 것을 고려해주셨으면 합니다." 또는 이렇게 물었다면? "이 새로운 프로그램에 참여하는 것에 대해 어떻게 생각하십니까?" 유쾌한 대화로 이어질 수는 있었겠지만 결정적인 행동이나 용단은 없었으리라.

코뉴엘이 원한 것은 그런 장황한 대화가 아니었다. 그는 "예" 아니면 "아니요"를 듣고 싶었던 것이다. 이처럼 어떤 특정한 상황에서는 닫힌 질문을 던지는 것이 매우 효과적이다.

그는 승리의 인생을 살았다. 우리는 코뉴엘이 '독립' 이라는 자랑스러운 수식어를 붙인 부문에서 물심양면으로 많은 공이 들어간 노력들의 성과를 누리고 있지 않은가.

▲ ▲ ▲

분명하고 확실한 대답을 원할 때는 분명한 닫힌 질문을 던져라. '예' 입니까 '아니요' 입니까?

▼ ▼ ▼

질 문 사용법

" '예' 입니까 '아니요' 입니까?"

어떤 문제에 대해 상대방의 확답을 듣거나 참여 의사를 분명히 알고 싶을 때 던질 수 있는 질문은 여러 가지다. "이것에 대해 어떻게 생각하십니까?"와 같은 부드러운 접근 방식도 있다. 하지만 때로는 옴짝달싹할 여유를 주지 말아야 하는 경우도 있는 법이다.

직접적이고 솔직한 답변을 원할 때는 닫힌 질문이 효과적이다. '예' 입니까 '아니요' 입니까? 적절한 방식으로 묻는다면 닫힌 질문은 답변을 이끌어내는 강력한 도구가 된다.

언제 사용할까
- 상대방이 완전히 헌신할지 여부를 파악하고 싶을 때
- 상대방이 의심하거나 주저하는지 알고 싶을 때

어떻게 사용할까
- "이것에 완전히 헌신할 수 있습니까?"
- "함께할 겁니까, 안 할 겁니까?"

- "지금 최종 결정을 내려주시겠습니까?"

이어지는 질문
- "이 일에서 어떤 점이 가장 신납니까?"
- "가장 의구심이 드는 점은 무엇입니까?"

chapter
6

절대 해서는 안 될
'그 질문'

"그 사람을 내 방에서 확 내쫓아버렸어요."

"뭐라고요?"

나는 프레드와 이야기를 나누는 중이었다. 프레드는 한 다국적 기업의 북아메리카 지부들을 이끄는 최고 책임자다. 그 전에는 유명한 대형 은행에서 최고정보책임자(CIO)로 일했다. 그동안 수도 없이 많은 세일즈맨이 그에게 접근해왔다고 했다.

"말도 마세요. 골드만삭스, IBM, 액센츄어, 맥킨지, EDS, 게다가 이 근방의 무허가 주식거래소에서 온 사람들도 있었습니다. 다들 저한테 뭔가를 팔려고 시도했죠."

똑똑하고 강인한 프레드는 얼간이를 보면 못 참는 타입이다. 그렇다 해도 그가 화를 내며 누군가를 사무실에서 억지로 내쫓는 모습은 상상하기 힘들었다.

"정말로 내쫓았다고요? 농담이죠?"

"농담 아닙니다. 그 사람이 '그 질문'을 했단 말입니다."

"무슨 질문이요?"

"요즘 제일 고민되는 문제가 무엇입니까?"

프레드는 고개를 절레절레 흔들었다. "그렇게 형편없는 질문이 또 어디 있습니까? 수없이 남용되는 상투적이고 진부한 표현이죠. 그리고 무엇보다도 게으름을 드러내는 질문이에요. 저는 게으른 세일즈맨이라면 딱 질색입니다. 가만 보니 언젠가부터 모든 세일즈맨이나 금융 상담사, 컨설턴트가 그런 질문을 하더라고요. 앵무새도 아니고 말이죠. 저를 찾아와서는 다들 하나같이 이렇게 물었어요. '요즘 제일 고민되는 문제가 무엇입니까?' 그렇게 물어보면 제가 무슨 마법에라도 걸린 것처럼 지금 겪는 힘든 문제나 고민을 술술 털어놓을 줄 알았던 모양입니다. 그러면 '아, 저희가 그 문제를 해결해 드릴 수 있습니다.' 하고 말하려는 심산이었겠죠. 저는 그런 사람들을 사무실에서 몰아내기 시작했습니다."

"그런 게 당신한테는 안 통한다는 거죠?" 내가 물었다. (물론 대부분의 사람들에게 그런 방법이 안 통한다는 걸 나도 잘 알지만, 프레드의 생각이 궁금했다.)

"당연히 안 통하죠. 나 아니라 다른 사람들한테도 마찬가지고요. 가만, 커피를 더 마시면서 이유를 설명해드리겠습니다. 정말로 현명한 사람들은 어떤 식의 효과적인 접근법을 쓰는지 가르쳐드릴게요."

프레드의 비서가 갓 뽑은 커피를 두 잔 들고 왔다. 책상 앞에 앉아 있던 우리는 소파와 커피 테이블, 안락의자가 있는 공간으로 자리를 옮겼다.

나는 정말 운이 좋다. 열네 살 소년으로 돌아가 모튼 삼촌이 시가를 입에 물고 코냑을 홀짝이면서 "행복한 삶이란 이런 거야……" 하며 이야기를 들려주는 앞에서 귀를 쫑긋 세우는 기분이었다. 지금 나는 세계 최고의 강사에게서 어떻게 하면 잠재 고객과의 첫 만남을 성공적으로 이끌 수 있는지 그 방법을 배우려는 참이었다.

아이작 뉴턴 경은 비상한 과학적 성과를 이룰 수 있었던 이유에 대해 자신이 '거인들의 어깨 위에 서 있었기 때문'이라고 말했다. 나는 프레드의 등에 업혀 즐거운 산책을 떠나는 기분이었다.

프레드가 입을 열었다. "왜 그런가 하면 말입니다. '요즘 제일 고민되는 문제가 무엇입니까?'는 형편없는 질문이기 때문입니다. 첫째, 이건 그냥 되는대로 던지는 질문입니다. 상대방 조직에 대해 사전 조사를 하고 상대방이 직면한 문제들을 생각해보지 않았음을 보여주는 질문이죠. 준비가 전혀 필요 없는 질문이란 말입니다. 다시 말해, 질문자의 게으름을 나타내는 증거입니다."

나는 열심히 받아 적었다.

"둘째, 상대가 당신과 어느 정도 친분이 있는 경우가 아니라면 자신의 속마음을 솔직하게 털어놓을 리가 없습니다. 그걸 끌어내려면 먼저 신뢰를 쌓아야 합니다. 안 그렇습니까? 생각해보세요. 생판 처음 보는 세일즈맨한테 저의 가장 내밀한 관심과 걱정거리를 즉시 얘기하겠습니까? 말도 안 되죠. 그리고 셋째, 이 질문은 '문제'를 묻는 질문입니다. 특히 CEO나 고위 중역을 상대할 때 상기해야 하는 점이 있는데요. 저와 같은 직위에서는 운영상의 문제가 아니라 성장과 혁신의 측면에 집중합니다. 운영상 문제를 담당하는 책임자들은 따로 있지요. 궁극적으로 볼 때 저 같은 중역은 성장과 혁신을 담당합니다. 따라서 '요즘 제일 고민되는 문제가 무엇입니까?'라는 질문은 가장 유용한 이슈에 접근하는 데 별 도움이 안 됩니다."

"그러면 현명한 세일즈맨은 어떻게 질문합니까?"

"우선, 저와 만나는 것을 어려운 과제로 생각해야 합니다. 준비를 해야 하죠. 우리 회사의 연례보고서를 읽고, 인터넷을 뒤져 자료를 조사하고, 제가 했던 연설도 읽어보고, 제 인터뷰 영상도 보고, 시장 분석가들의 보고서도 읽어보고요. 무턱대고 만나러 오기 전에 제가 중요하게 여기는 사안이나 전략을 숙지해야 합니다. 중요한 점이 또 하나 있습니다. 나를 만나 이야기를 나눌 때 내가 중요하게 여기는 진짜 문제가 무엇인지 다 안다고 생각하면 안 된다는 겁니다. 자신감은 가지되, 겸손해야 한다는 얘깁니다. 신중한 질문과 제안을 하는 건 좋지만 내 문제를 다 안다는 듯이 굴어서는 안 됩니다.

훌륭한 세일즈맨은 자신이 배경지식을 갖고 있음을 보여주는 간접적인 질문을 합니다. 가령 이런 식으로요. '프레드, 당신 회사의 가장 큰 경쟁사 두 곳의 합병에 대해 어떻게 생각하십니까?', '지난달 뉴욕에서 있었던 투자자 컨퍼런스에서 당신이 했던 말이 인상적이었어요. 아시아 시장에 진출하는 것이 당신 회사의 금융 통제 리스크 관리 요구사항에 어떤 영향을 줄까요?'

얼마 전에 어떤 사람이 우리 회사의 위임장 설명서(proxy statement: 주요 경영진의 연봉, 스톡옵션 등에 대한 정보가 담겨 있는 서류—옮긴이)를 면밀하게 검토하고는 우리의 임원 보상 계획에 대해 매우 훌륭한 질문을 던졌습니다. 그녀는 우리가 특정한 선택들을 왜 내렸는지 궁금해하더군요. 매우 활기찬 대화가 오고 갔습니다. 그녀는 신중하게 탐색하며 질문을 던졌지요. 때문에 그녀는 제 속마음을 비롯해 우리 회사의 인재 관리 및 보유 전략에 대해 많은 것을 알아냈습니다. 우리는 기존 거래 업체에 만족하고 있었기 때문에 그녀 회사와 새로 계약을 맺을 생각이 없었습니다. 하지만 그녀는 너무나 능숙하고 수완이 뛰어났으니, 아마 조만간 그녀의 회사는 우리에게서 프로젝트를 따낼 겁니다.

그러니까, 당신이 웬만큼 배경지식과 경험을 갖췄음을 은연중에 드러내는 질문을 던져야 합니다. 상대방의 경쟁자들에 대해 어떻게 생각하는지, 해당 업계의 변화 양상에 대해 어떻게 생각하는지 견해를 먼저 나타내고, 상대방을 대화에 끌어들이세요. 그럼 상대방은 마음을 열기 시작합니다. 그런 다음에는 좀 더 직접적인 질문을 해도 됩니다.

이를테면 이렇게 말할 수 있죠. '지금까지 이야기 나눈 점들을 고려할 때, 어떤 측면에서 좀 더 빠른 발전이 이뤄졌으면 좋겠습니까? 말씀하신 문제들 중에서 어떤 것이 가장 해결하기 어렵습니까?'

우리는 그쯤에서 대화를 마무리했다. 나는 꽤 흡족했다. 한 학기 동안 배워야 할 고급 세일즈 기술을 한 시간 만에 마스터한 기분이었다.

"프레드, 정말 유익한 시간이었습니다. 커피도 맛있었고요."

"저도 즐거웠습니다. 아참, 그리고 당신은 상대방 말에 진심으로 귀를 기울일 줄 아는 분이군요. 언제든 연락 주십시오. 또 봅시다."

프레드와 만나고 나서, 나는 영향력을 지닌 사람이 주변 사람들을 돕길 좋아한다는 사실을 새삼 상기했다. 그들은 타인의 부탁을 들어주는 것을 좋아한다. 때때로 당신이 고객이나 동료에게 조언을 구하면, 이것은 그 상대방이 당신과의 관계에서 만족을 느끼는 기회가 되기도 한다. 그리고 그 과정에서 당신은 뭔가를 배울 수 있다.

리더의 마음속에 있는 문제를 알고 싶다면 "요즘 제일 고민되는 문제가 무엇입니까?" 같은 진부한 질문을 하지 말라. 상대방이 직면한 중대한 과제에 대해 이야기를 나눌 수 있는 분위기를 조성한 뒤 그를 대화에 끌어들여라. 현재 일어나는 일들이 가져올 영향에 대해 물어라. 미래에 대해 질문을 던져라.

예컨대 다음과 같은 질문을 던져라.

- "당신 회사의 미래 성장을 이끌 주요 원동력은 무엇이라고 생각합니까?"
- "○○○(예: 새로운 경쟁사들의 성공, 저렴한 수입품의 등장, 규제 완화)를 고려할 때 귀사의 현재 전략이 앞으로 어떻게 바뀔 것 같습니까?"
- "자원이 더 많다면 어떤 프로젝트에 투자하시겠습니까?"
- "때로는 돌파구를 마련하기 위해 무언가를 포기해야 합니다. 비중을 줄이거나 중단해야 할 부분은 없습니까?"
- "지금까지 성공할 수 있었던 요인이 무엇입니까? 앞으로는 상황이 어떻게 바뀔까요?"
- "목표를 달성하려면 조직 차원이나 운영 측면에서 어떤 역량을 강화해야 합니까?"
- "귀사의 사업 미래와 관련해 어떤 점이 가장 긍정적으로 기대됩니까? 어떤 점이 가장 우려됩니까?"

▲ ▲ ▲

"요즘 제일 고민되는 문제가 무엇입니까?" 같은 상투적이고 나태한 질문은 하지 마라. 그 대신 미래와 관련된 현명한 질문을 하라. 상상력을 자극하는 질문, 상대방의 포부나 우선순위와 관련된 질문을 하라. 그의 주변에서 일어나는 일에 대한 생각을 물어라.

▼ ▼ ▼

◀ 그 밖의 진부한 질문들 ▶

"어떤 점이 의외였습니까?"

우리는 새로운 업무를 맡았거나 중요하고 새로운 경험을 한 사람에게 이런 질문을 종종 던진다. 하지만 이런 질문에는 정직하고 긍정적인 대답이 나오기 어렵다. 이러이러한 점이 의외였다고 말하면, 자신이 처한 상황에 대해 감도 잡지 못한 순진한 사람이 된다. 또 의외라고 느껴진 게 아무것도 없었다고 말하면, 무관심하거나 둔감한 사람으로 비치기 십상이다. 루이스 앤드 클라크 대학(Lewis and Clark College)의 배리 글래스너(Barry Glassner) 총장은 〈월스트리트저널(Wall Street Journal)〉에 이렇게 말한 적이 있다.

> "만약 제가 총장으로 부임한 이후 7개월 동안 '어떤 점이 의외였습니까?'라는 질문을 받을 때마다 1000달러를 받았다면 아마 최고급 렉서스 자동차를 한 대 장만했을 겁니다. 그 질문은 질문 받는 사람을 이러지도 저러지도 못하게 만듭니다.…… 어떤 대답을 해도 난처해지지요."

그 대신 이런 질문을 하라. "그 일을 맡고 처음 6개월 동안 어떤 부분에 가장 집중했습니까?", "당신의 업무와 관련해서 더욱 장기적인 안건을 구상했습니까?"

"제가 빠뜨린 질문은 뭐가 있죠?"

한 유명한 마케팅 전문가는 이 질문이 세일즈 상담을 마무리할 때 사용하는 자신의 '필살기 질문'이라고 말한다. 이처럼 '질문에 관한 질문'을 던지는 것은 세일즈 과정에서 잠재 고객을 고객이 아니라 코치로 삼으려고 시도하는 것과 마찬가지다. "사실 우리는 같은 편이잖습니까…… 좀 더 효과적인 세일즈맨이 되기 위한 방법에 관해 조언 좀 해주세요!"라는 말을 교묘하게 다른 식으로 표현한 것과 다름없다. "요즘 제일 고민되는 문제가 무엇입니까?"와 마찬가지로 이 질문 역시 진부하기 짝이 없다.

이와 비슷한 질문은 수없이 많다. 이런 질문들은 "뭔가를 요청하기 전에 상대방으로 하여금 세 번은 '네'라고 말하게 만들어라"라는 조언과 같은 부류에 속한다. 이런 접근법은 피해야 한다.

대신에 이런 질문을 하라. "이 상황과 관련해 중요성을 지님에도 우리가 아직 논의하지 않은 문제가 있다면 어떤 게 있을까요?", "이 문제에 대한 추가적인 관점을 얻기 위해 제가 얘기를 나눠봐야 할 다른 사람이 있습니까?"

chapter
7

세상에서
가장 어려운 질문

웨이터가 김이 모락모락 나는 요리 세 개를 우리 테이블에 올려놓았다. 잠시 뒤 두 개가 더 나왔다.

나는 척 콜슨(Chuck Colson)과 그의 아내 패티(Patty)와 함께 우리가 가장 좋아하는 중국 식당에서 저녁식사를 하는 중이었다. 척은 내게 영웅이다.

나는 그의 인생에 대해 속속들이 잘 안다고 생각했다. 거의 하나도 빠짐없이 말이다. 하지만 그날 저녁식사에서 내가 모르던 부분을 알게 되었다. 전에는 한 번도 묻지 않은 질문을 했기 때문이다.

내가 한 질문에 대해서는 잠시 후에 얘기해주겠다. 그것은 진정

탁월한 질문이다. 그 질문을 던지자 그 후로 두 시간 동안 대화가 쉼 없이 이어졌다. 첫 메뉴인 무슈포크에서부터 후식으로 쿠키가 나올 때까지.

먼저 찰스 W. 콜슨(Charles W. Colson: 척의 본명)이 어떤 사람인지 잠시 소개하겠다. 내가 들려주는 내용은 이 비범한 남자의 인생에 대한 맛보기에 불과하겠지만 말이다. 그의 자서전《백악관에서 감옥까지(Born Again)》는 300만 부 이상 팔렸다. (이 책의 수익금 전액은 교도소 재소자들을 돕는 단체인 '프리즌 펠로십Prison Fellowship'을 설립하는 데 쓰였다. 사실 그가 쓴 여러 책의 수익금은 전부 이 단체에 기부되었다.)

그는 워터게이트 스캔들에 연루되어 감옥에까지 갔던 사람이다. (사실 그는 이 사건에 개입하지 않았다. 하지만 이건 설명하자면 또 한참 걸릴 이야기다.)

척은 30대에 닉슨 대통령의 특별 법률고문이 되었다. 그의 사무실은 대통령의 개인 사무실 바로 옆이었다. 닉슨 대통령은 백악관의 대통령 집무실을 좋아하지 않아서 대부분의 시간을 자신의 은밀한 공간에서 보냈다.

콜슨은 닉슨의 비공식 각료였다. 그는 중요한 정책 이슈를 논의하는 자리에 늘 함께했다. 대통령에게서 새벽 두 시에 전화를 받고 함께 담소를 나누거나 낮 동안에 닉슨의 방으로 수시로 불려가는 것은 콜슨에게 자주 있는 일이었다.

하지만 이런 사실들은 이미 내가 알고 있는 것이었다. 물론 워터게이트에 개입했다는 혐의를 보여주는 조작된 증거 때문에 감옥에 갔던 일도 알고 있었다.

다른 사람들에게는 자주 물었지만 척에게는 한 번도 묻지 않았던 질문은 이것이었다. "당신이 지금껏 받아본 질문 중에 가장 어려웠던 질문은 무엇입니까?"

콜슨의 대답은 뜻밖이었다. 나는 프리즌 펠로십 설립과 관련된 질문일 것이라고 추측했기 때문이다.

콜슨은 감옥 생활을 한 것이 자신의 인생에서 가장 중요한 사건이었다고 말한 적이 있다. 〈뉴욕타임스〉는 이렇게 보도했다. "콜슨의 인생은 역사상 가장 특별한 구원 이야기를 보여준다."

그는 3년을 선고받은 뒤 7개월을 감옥에서 살았다. 바로 그 시간 동안 프리즌 펠로십 설립을 위한 씨앗이 심어졌다. 그는 중요한 것은 인생에서 무슨 일을 겪느냐 하는 것이 아니라고 말했다. 우리의 인격을 결정하는 것은 그 일에 어떻게 대처하는가 하는 점이라는 것이었다.

프리즌 펠로십은 수감자들의 사회 복귀를 돕는 세계 최대 규모의 단체로 성장했으며 현재 110개 국가에서 활동하고 있다. 이 단체의 프로그램을 거친 사람들의 대다수는 출소 이후 다시 감옥에 들어가지 않는다(다른 전과자들은 대개 다시 범죄를 저질러 감옥에 간다). 콜슨은 현재 수많은 유사 조직들을 탄생시킨 재소자 교화 운동의 아버지라고 할 수 있다.

다시 내 질문으로 돌아가자. "당신이 지금껏 받아본 것 중에 가장 어려웠던 질문은 무엇입니까?" 알고 보니 그 답은 콜슨의 감옥 생활과 전혀 상관이 없었고, 세계에서 가장 위대한 교도소 사역자로서의 경험과도 무관했다. 그가 나에게 들려준 이야기를 여러분에게 그대로 전달하겠다.

"하루는 닉슨 대통령이 저를 방으로 불렀습니다. 밤늦은 시간이었고 방에는 우리 둘밖에 없었어요. 우리는 꽤나 흥분한 상태였습니다. 그의 재선 승리는 당시 역사상 가장 압도적인 차이의 승리였거든요. 모든 게 순조로워 보였지요." (워터게이트 사건이 본격적으로 불거지기 전이었다.)

"대통령은 조금 전에 헨리 키신저(국무장관)로부터 전보를 받았다고 말했어요. 키신저는 미국이 베트남에서의 평화 달성을 추구하는 동시에 북베트남의 폭격을 늘려야 한다고 강하게 제안했습니다. 그렇게 하는 것이 합리적일 뿐만 아니라, 협상 테이블에서 북베트남이 미국을 만만치 않은 상대로 인식하게 만들려면 필수적인 조치라는 얘기였습니다.

그런데 키신저는 닉슨에게 또 다른 제안을 했어요. 닉슨 대통령이 폭격이 왜 꼭 필요한지 그 이유를 미국 국민들에게 설명하는 게 중요하다고 했지요. 그 문제에 대한 사회적 토론과 논의를 허용하자는 것이었습니다.

대통령은 제게 말했습니다. '척, 이 문제에 대해 확신이 서질 않

아. 자네 생각은 어떤가? 나는 자네의 판단력을 믿으니까. 폭격을 지속한다는 계획을 국민들에게 설명하는 게 좋을까?"

결정을 내리기 매우 힘든 문제였습니다. 키신저는 매우 뛰어난 외교 전문가였고 대통령에게 상당한 영향을 끼치는 인물이었습니다. 하지만 이번 문제에서는 그의 판단이 틀렸다는 게 제 생각이었지요.

이 문제를 어렵게 만든 요인들 중 하나는, 베트남 전쟁과 관련한 투명성이 부족하다는 점에 대한 대중의 분노였습니다. 닉슨은 대중의 토론 및 지지를 조성할 필요성과, 평화 협상을 끌어내기 위해 무엇이든 한다는 관점, 이 둘을 비교해서 판단을 내려야 했어요.

우리는 좀 더 대화를 나눴습니다. 이 문제는 지뢰밭과도 같았어요. 하지만 결국 저는 대통령에게 제 생각을 말했습니다. 폭격은 계속하되 국민들에게 설명은 하지 말아야 한다고 말했습니다. 나라 전체에 격렬한 논쟁과 시위가 늘어날 것이 우려됐기 때문입니다. 모두가 베트남 전쟁에 신물이 나 있었습니다. 무엇보다도, 국민들에게 설명하려고 하면 평화 협상에서 성공할 확률이 줄어들 것이었습니다.

제가 지금껏 살아오면서 받아본 가장 어려운 질문은 그것이었습니다. '자네 생각은 어떤가?'라고 했던 대통령의 질문 말입니다. 괴롭고도 복잡한 문제였지요. 키신저의 의견에 섣불리 경솔하게 반대해서도 안 되는 상황이었고요. 어쨌거나 결과적으로 미국은 폭격을 지속했고 덕분에 평화 협상을 빠르게 진전시킬 수 있었습니다."

혹시 워터게이트 사건과 존 딘(John Dean), 존 에일리크먼(John Ehrlichman), 해리 홀더먼(Harry Haldeman), 존 미첼(John Mitchell) 등등 당시 연루된 인물들에 대해 더 알고 싶은가? 음, 그건 다음 기회로 미루겠다.

▲ ▲ ▲

우리는 종종 커다란 압력을 경험할 때 가장 많은 것을 배운다. 누군가가 우리를 압박할 때 말이다. 상대방의 마음속 깊은 곳에 존재하는 경험을 통해 뭔가를 배우려면 이렇게 물어라. "당신이 지금껏 받아본 질문 중에 가장 어려운 질문은 무엇이었습니까?"

▼ ▼ ▼

질문 사용법

"당신이 지금껏 받아본 질문 중에 가장 어려운 질문은 무엇이었습니까?"

노벨평화상 수상자이자 나치 홀로코스트의 생존자인 엘리 위젤(Elie Wiesel)은 신이 이 세상과 인간을 창조한 이유는 신이 이야기를 좋아하기 때문이며 우리의 인생은 신이 써내려가는 이야기라고 말했다.

"당신이 받아본 가장 어려운 질문은 무엇입니까?"라는 질문은 끊임없이 흐르는 대화의 강물을 만들어낸다. 이 질문을 받으면 상대방은 대개 잠시 멈춰서 이렇게 생각하게 된다. "가만있어보자. 생각을 좀 해볼까? 아, 어려운 질문이군. 가슴속 깊은 곳에 있는 나의 대답은 무엇일까?"

언제 사용할까
- 상대방 마음속으로 깊이 들어가보고 싶을 때
- 상대방의 인격과 기질에 대해 더 많이 알고 싶을 때

어떻게 사용할까
- "당신이 받아본 가장 심오한 질문은 무엇입니까? 또는 당신이 누군가에게 물어본 질문 중에 가장 심오한 것은요?"
- "대답하기 고민스러운 힘든 질문을 받아본 적이 있습니까?"
- "당신을 창피하게 만든 질문을 받아본 적이 있습니까? 아니면 누군가를 당황스럽게 만든 질문을 해본 적이 있습니까?"

이어지는 질문
- "그 질문이 당신 인생에 어떤 영향을 줬습니까?"
- "나중에 돌아봤을 때 당신이 옳은 대답을 한 것 같았습니까?"
- "지금 같은 질문을 받는다면 똑같은 대답을 할 것 같습니까?"

chapter 8

높은 분들을
미소 짓게 만드는
질문

"힘든 케이스였습니다." 로저가 내게 말했다. "어떻게 해야 할지 알 수가 없었죠."

"힘들었다고요? 왜요?" 내가 물었다. 다소 놀라웠다. "당신은 누군가를 만나는 일을 결코 두려워한 적이 없잖아요. 당신이 당황해서 말문이 막히는 모습은 상상도 안 가요."

더 자세히 알고 싶었다. 로저는 내가 아는 가장 자신감 넘치고 똑똑하며 경험이 풍부한 컨설턴트 중 한 명이었다. 결코 평범한 컨설턴트가 아니었다.

그는 하버드 경영대학원을 뛰어난 성적으로 졸업한 후 세계적 수준의 컨설팅 회사에 입사하여 15년간 근무했다. 그 회사를 떠난 후에는 〈포춘(Forune)〉 100대 기업에 속하는 회사의 대규모 사업 부문 CEO로 부임했다. 기업 세계에서 5년간 리더십을 연마한 뒤 그는 예전에 근무했던 컨설팅 회사에 복귀하여 선임 파트너로 일하고 있었다.

로저는 인간관계 기술과 정밀한 분석력을 겸비한 흔치 않은 컨설턴트였다. 고객과 함께 일을 진행할 때 그는 '가끔 빗나가긴 하지만 절대로 망설임 없는' 자신감을 드러내지 않았다. 일부 컨설턴트들이 과시하곤 하는 태도 말이다. 대신 그는 "당신이 처한 상황에 공감합니다"라고 말하는 듯한 이해심과 공감 능력을 발휘했다. 30년간 쌓인 경험과 내공을 통해서만 가능한 일이었다.

"좀 더 얘기해보세요. 무슨 일이 있었던 겁니까?" 내가 물었다. 로저는 의자에 깊숙이 몸을 묻더니 커피를 한 모금 마셨다. 나는 펜과 메모장을 손에 쥔 채 앞쪽으로 몸을 기울였다.

"한 기업이 중요한 전략 개발 프로젝트와 관련하여 우리에게 접촉해왔습니다. 우리로서는 성공만 하면 대단한 평판을 얻을 수 있는 일이었지요. 우리는 그 계약에 석 달을 투자했고, 저는 드디어 해당 기업 CEO와의 회의를 앞두고 있었습니다.

전에도 그를 서너 번 만난 적이 있었습니다. 하지만 그저 간단한 논의를 하는 자리였어요. 이번에는 1대 1로 그를 만나 충분한 시간을 보낼 예정이었습니다."

"오, 훌륭한 진전이었군요. 그래서요?"

"먼저 그가 어떤 인물인지 알려드려야겠군요. 2미터가 넘는 장신에 강렬한 청록색 눈동자를 지닌 그 사람 앞에 서면 누구라도 위축될 겁니다. 기억력은 백과사전에 가깝지요. 그는 자신이 나눈 대화나 읽은 내용을 결코 잊어버리는 법이 없습니다. 기업 운영에 그 사람처럼 철저한 지배력을 발휘하는 최고경영자는 만나본 적이 없습니다."

(나는 그런 상대를 만난 것이 내가 아닌 로저라는 사실에 안도했다. 두 사람이 마주 앉은 장면을 상상하니 로버트 리(Robert E. Lee) 장군과 버나드 몽고메리(Bernard Montgomery) 사령관이 만나 전략을 논의하는 장면이 머릿속에 그려졌다.)

"그는 '고아원'에서 자랐습니다. 범상치 않은 총명함과 강한 직업 윤리를 타고났지요. 아이비리그의 대학을 '수석'으로 졸업한 뒤, 제조업 공장의 말단 사원으로 경력을 시작해서 회장 겸 CEO 자리까지 올랐습니다. 이제 은퇴가 몇 년 남지 않은 상태이고요.

문제는…… 저로서는 이렇게 엄청난 CEO가 거부할 수 없는 설득력 있는 제안을 구상하기가 만만치 않았다는 겁니다. 어떤 명석한 주장을 펼쳐야 할까? 어떤 통찰력 있는 정보를 제공해야 내가 그의 기업에 적합한 조언자임을 입증해 보일 수 있을까?

며칠간 고민한 끝에, 우리의 전략 분석으로는 '절대로' 그에게 놀랍거나 독창적이라는 인상을 안겨줄 수 없을 것이라는 사실을 깨달았습니다. 우리의 내부 작업 수준은 훌륭했고 인상적인 결과도 다

수 얼었습니다. 하지만 그 CEO와 만난 자리에서 그런 내용들이 특별히 힘을 발휘할 것 같진 않았어요.

그래서 저는 강렬한 질문을 던지기로 했습니다. 하지만 이런 점도 생각하게 되더군요. 꾸며낸 듯 부자연스럽지 않게 질문하려면 어떻게 해야 할까? 이미 열 번쯤 들어본 질문 같은 건 피해 가야 할 텐데?"

"그래서 결국 어떻게 하셨습니까?"

"때때로 가장 훌륭한 질문은 단순하고 직접적이며, 또 사적인 수준의 유대감을 조성해주지요. 저는 프로젝트에 관한 브리핑이 끝나고 가벼운 마무리 한담도 잦아들기 시작할 즈음, 심호흡을 하고 CEO에게 이렇게 말했습니다.

'윌리엄, 질문이 하나 있습니다.'

'얼마든지 물어보세요.' 그가 대답했습니다.

'당신은 대단한 경력을 보유하고 있습니다. 제조 현장의 밑바닥에 서부터 출발해 결국엔 어마어마한 결실을 맺었지요. 당연히 셀 수 없이 많은 보상과 영예를 누리셨겠지요.'

CEO가 미소를 지었습니다. 제 시도가 제대로 먹히는 것 같았습니다. 그는 형식적으로 인정하듯 고개를 끄덕였습니다.

'미래를 내다보면 아직 성취하고 싶은 것이 더 있습니까? 아직 이루지 못한 꿈이 있으신가요?'

그는 가만히 나를 응시했습니다. 눈빛이 나를 뚫고 지나가는 듯했지요. 그는 잠시 동안 생각에 잠겼습니다. 그리고 천천히 입을 열었습니다. '아시다시피, 로저, 나는 오랫동안 이사회 멤버들과 밀접한 관계를 유지하며 함께 일해왔습니다. 수많은 투자 은행 담당자와 컨설턴트들을 만나왔습니다. 몇몇 대규모 재단과도 손잡고 일을 해왔고요. 나는 이런저런 분야에서 성공을 이룬 온갖 지성인들을 만나봤습니다. 하지만 아무도 내게 그런 질문을 던진 적은 없습니다. 누구도 그런 것을 물어본 적이 없어요. '아무도' 말입니다.'

방 안에는 적막감이 감돌았습니다. '그래요, 마음속에 품고 있는 꿈이 있긴 합니다……' 그가 속내를 털어놓기 시작했습니다.

그날 낮 12시 정각에 끝나기로 되어 있던 우리의 회의는 30분이 더 지나서야 마무리되었습니다. CEO의 빡빡한 일정을 고려하면 영원과 같은 시간이었죠. 더 중요한 사실은, 지금까지도 끈끈하게 이어지고 있는 우리의 관계가 실은 제가 그 질문을 던진 순간부터 시작됐다는 점입니다."

나는 그 CEO가 어떤 이야기를 들려주었는지 궁금해서 죽을 지경이었다. 그러나 내 궁금함은 옆으로 밀어두는 편이 옳았다.

"그가 CEO 자리에서 물러난 후 하고 싶어하는 일의 내용은 놀라웠습니다." 로저는 이야기를 이어갔다. "하지만 요점은 그게 아닙니다. 여기서 핵심은 바로 '그 질문'의 중요성이니까요. 누군가에게 적절한 순간에 '아직 성취하고 싶은 것이 더 있습니까?'라고 묻는 일 말입니다. 이것은 꿈과 직결되는 질문이지요."

▲ ▲ ▲

고객이나 동료, 혹은 친구가 이룬 성과를 칭찬하고 축하하라. 그러나 거기서 멈추지 마라. 그들이 마음 가장 깊은 곳에 품고 있는 꿈과 열망을 이끌어내라. 이렇게 질문하라. **"아직도 성취하고 싶은 것이 더 있다면 무엇입니까? 이루지 못한 꿈이 있나요?"**

▼ ▼ ▼

질문 사용법

"아직도 성취하고 싶은 것이 더 있다면 무엇입니까?"
어떤 경력을 가졌든 어떤 삶을 살고 있든, 거의 모든 사람들은 아직 이루지 못한 꿈을 간직하고 있다. 하지만 다른 사람들이 그 꿈에 대해 묻는 경우는 드물다.
계획이나 보고서, 권고 사항 따위에 대한 대화는 누구라도 할 수 있다. 이 질문을 통해 더욱 의미 깊고 멋진 순간을 만들어보라.

언제 사용할까
- 이미 몇 차례 만나본 상대방과 더 깊은 관계를 다지고 싶을 때
- 상대방의 경력에 대한 대화를 나눌 때
- 몇 년 안에 은퇴를 앞둔 리더와 대화할 때

어떻게 사용할까
- "아직 시도하지 못했지만 꼭 이루고 싶은 꿈이 있습니까?"

- "마음속에 품고 있는 다음 계획은 무엇입니까?"
- "지금 하는 일 이후에 당신이 꿈꾸는 도전이 있습니까?"
- "당신의 직업에서 가장 중요한 목표는 무엇입니까?"

이어지는 질문
- "그것을 시도할 시점은 언제입니까?"
- "그로 인해 당신이 다른 방향으로 성장할 수 있다고 생각합니까?"
- "그 길을 선택할 경우 당신이 밟아야 할 다음 단계는 무엇입니까?"

chapter
9

대화의 주파수를
맞추고 싶을 때

  마주 앉은 사람이 다리를 달달 떨기 시작하고 시선을 자꾸 딴 데로 돌리며 질문마저 전혀 없다면, 무언가 조치를 취해야 한다. 당신은 문제에 봉착한 것이다.
  나는 한 전문 서비스 대기업의 공동대표인 캐슬린과 회의 중이었다. 몇 주 전부터 준비한 회의로서, 내가 그녀의 회사를 위해 진행하고 있는 프로젝트의 진전 상황에 대해 논의하는 자리였다. 나는 그간 세심하게 준비하여 명료하게 정리한 요약 보고서를 가져온 터였다. 프로젝트 진행 상황을 알아보기 쉽게 간추린 자료였다. 무거운 고급 재질의 종이로 만들어져 있었다.

회의가 시작되고 20분쯤 흘렀을 때 나는 캐슬린이 전혀 집중하지 않고 있다는 사실을 깨달았다. 그녀의 마음은 딴 데 가 있었다. 계속 꼼지락거렸다. 내 보고에 뒤이은 적절한 질문도 없었다. 상황은 점점 더 나빠졌다. 그녀는 스마트폰을 힐끔거리기 시작했다.

어떤 모습인지 잘 알 것이다. 당신이 두려워하는 바로 그 상황이다. 상대방이 당신의 얘기를 듣고 있는 척하면서 무릎 위에 놓인 스마트폰을 슬쩍슬쩍 내려다보는 상황 말이다! 캐슬린의 마음은 콩밭에 가 있었다.

나는 말을 멈추고 5초쯤 흘러가게 놔두었다. 일정이 바쁜 고위 간부와 함께 있는 자리에서는 영원과도 같은 시간이다.

내가 물었다. "캐슬린, 오늘 우리가 논의해야 하는 가장 중요한 사안이 무엇입니까?"

그녀는 퍼뜩 주의를 집중하며 자세를 고쳐 앉았다.

나는 기다렸다.

"흠. 글쎄요." 그녀가 천천히 대답하기 시작했다. "이런 회의는 유익합니다. 프로젝트의 진척 상황을 들을 수도 있으니까요. 당신의 요약본과 제안 내용도 높이 평가합니다. 매우 훌륭해요."

"다행이군요. 감사합니다. 하지만 우리의 일정은 아직 30분 더 남았습니다. 우리가 초점을 맞춰 중점적으로 논의해야 할 부분은 무엇일까요?"

나의 고객은 미간을 찌푸린 채 고개를 절레절레 흔들며 나를 쳐다보았다. 그리고 한숨을 내쉬며 말했다. "사실 말이죠, 우리 팀원들이 모두 제대로 협력하고 있지 않은 것 같아요. 그들은 이 프로젝트에 공감하지 못하고 있어요."

"좀 더 설명해보세요. '협력하지 않는 것 같다'고 하셨는데, 어떤 징후를 보고 그렇게 생각하십니까? 무엇이 문제입니까?"

이제 주제가 갑자기 바뀌었다. 이어지는 30분 동안 우리는 그녀의 팀과 관련된 문제들에 대해 이야기를 나누었다. 나는 몇 가지 중요한 질문을 추가로 던졌고, 캐슬린은 팀의 상황에 대해 계속 설명했다. 나는 팀원들이 전략을 더 잘 받아들이도록 도울 수 있는 아이디어를 몇 가지 제시했다. 프로젝트 진행 상황 보고 중 나머지 부분은 다음 회의로 미뤘다.

오늘을 위해 내가 준비한 깔끔한 보고서는 제대로 빛을 보지 못했다. 아마도 이것이 보고서의 그날 운명이었나 보다.

회의를 마친 후 자리를 뜨려는 내게 캐슬린이 물었다. "다음 주에 다시 만나 이 문제에 대해 더 얘기할 수 있을까요? 당신은 제게 굉장히 좋은 질문들을 던져주었고 제안 내용들도 매우 훌륭합니다. 이 상황을 당신과 함께 좀 더 고민해보고 싶습니다."

시간을 훌쩍 건너뛰어 현재 시점을 살펴보자. 6개월 전 우리가 나누었던 대화를 기점으로 캐슬린은 자신의 팀에 광범위한 변화를 도입하고 있다. 그녀는 또한 팀원들이 나와 일대일 방식의 작업을 거치도록 하여 업무 효율의 개선을 꾀하고 있다.

"오늘 우리가 논의해야 하는 가장 중요한 사안이 무엇입니까?" 이 단순하고 직설적인 질문은 캐슬린이 조직의 발전을 위해 전진할 수 있도록 도왔다. 또 나와 그녀, 그리고 그녀의 팀과의 관계를 더욱 돈독하게 만들어주었다.

양쪽 모두에게 진심으로 중요한 문제를 함께 고민하며 시간을 보낼 때 서로의 관계는 진정성 있는 관계로 발전한다. 또 감정의 공감대가 커지며 서로를 더 의미 있는 사람으로 인식하게 된다. 끈끈한 유대감이 생기는 것이다.

몇 년 전 내가 컨설팅을 했던 한 CEO가 내게 이런 말을 했다. 의미 있는 관계를 맺기 위해 꼭 기억해야 할 내용이었다.

"이 점을 명심해야 합니다. 고객이 당신을 성장과 수익의 일부로 여긴다면 영원히 당신을 찾을 것입니다. 그러나 당신을 관리해야 할 비용 요소로 생각한다면 그들은 언제라도 당신을 잘라내버릴 수 있습니다."

다른 사람들이 가장 중요하게 생각하는 우선순위와 목표에 당신을 맞추어라. 그러면 당신은 성장과 수익의 일부로 여겨질 것이다. 비용이 아닌 투자의 대상이 될 것이다.

▲ ▲ ▲

상대방이 주의가 산만하고 집중하지 못하거나, 대화 내용이 상대방이 가장 우선시하는 문제에 접근하지 못하고 있다고 느껴진다면, 반드시 이렇게 질문하라. "오늘 우리가 논의해야 하는 가장 중요한 사안이 무엇입니까?"

▼ ▼ ▼

질문 사용법

"오늘 우리가 논의해야 하는 가장 중요한 사안이 무엇입니까?"
당신의 대화 내용이 상대방의 가장 시급한 문제와 동떨어져 있다면 상대방은 어서 그 자리를 벗어나고 싶어할 것이다. 상대방이 가장 중요하게 고민하는 문제에 대화의 초점을 맞춘다면, 당신이 하는 발언의 타당성과 영향력은 크게 높아진다.

언제 사용할까
토론의 주제를 재정립할 필요가 있을 때 사용하라.
- 고객이나 상사가 참석하는, 진행 상황 보고 회의를 할 때
- 세일즈 피치(sales pitch)를 할 때
- 배우자나 그 밖에 중요한 누군가와 대화를 나눌 때

어떻게 사용할까
- "오늘 얘기하고 싶은 주제는 무엇입니까?"
- "고민하고 있는 문제가 무엇입니까?"
- "20분 남았군요.…… 오늘 반드시 다뤄야 하는 문제 중에 빠뜨린 것이 있습니까?"

- "다뤄야 할 문제 중에 다루지 않은 것은 무엇입니까?"

이어지는 질문
- "그것에 대해 좀 더 얘기해주겠습니까?"
- "그 이면에는 어떤 내용이 있습니까?"
- "이 문제가 지금 당신에게 중요한 이유는 무엇입니까?"

PART 2

마음을 열어주는 현명한 질문들

chapter
10

대화의
보물상자를
여는 법

 옥수수 속대 파이프를 피우는 사람을 본 적이 있는가? 아마 없을 것이다. 그럼 옥수수 속대 파이프가 뭔지는 아는가? 음, 아마 모를 거다.

 앨런 하센펠드(Alan G. Hassenfeld)는 옥수수 속대 파이프를 피운다. 더 좋은 파이프를 살 돈이 없어서 그런 것은 아니다. 그의 독특한 면은 이것뿐만이 아니다. 잠시 후면 기업 리더이자 박애주의자이며 세계 여행자인 앨런에 대해 조금 더 알게 될 것이다.

 전 로드아일랜드 주지사 브루스 선들런(Bruce Sundlun)은 언젠가 내게 말했다. "앨런은 우리 주에서 가장 영향력 있는 인물이며 대단히 강인하고 뛰어난 리더입니다." 당시에 앨런이 로드아일랜드에서 가장 많은 직원을 고용한 대기업의 CEO라서 그런 것만은 아니다. 물론 그것도 한 가지 이유이기는 하지만.

주지사는 말했다. "그는 사람들에게 영감을 줍니다. 직접 모범을 보임으로써 사람들을 이끌지요. 그는 로드아일랜드와 유대인 공동체에 도움이 되는 수십 가지 활동에 참여하고 있어요."

앨런은 41세에 할아버지가 세운 가족 기업인 해즈브로(Hasbro)의 CEO가 되었다. 장난감과 게임을 만드는 회사다.

앨런의 리더십 아래 해즈브로는 비약적인 성장을 이뤘다. 현재 연매출이 40억 달러에 이르는(이 회사가 판매한 장난감과 게임의 양은 실로 엄청나다), 완구 업계의 압도적인 기업이다. 〈포춘〉은 해즈브로를 미국의 100대 기업에 뽑았다.

앨런은 몇 년 전 해즈브로의 경영 일선에서 물러났다. 이사회 회장직만 유지하고 있다. 해즈브로의 기업 사명은 퍽 인상적이었다. "우리는 꼭 성공하고야 만다." 앨런 역시 그런 신조에 따라 산다.

나는 그를 여러 차례 만났다. 어느 날 저녁 우리는 맨해튼의 하버드 클럽에서 여유로운 저녁식사를 즐겼다. 참으로 많은 얘기를 나눴다.

내가 말했다. "당신이 CEO로 있는 동안 해즈브로의 수익이 두 배 이상 뛰었습니다. CEO로서 어려운 상황이나 문제를 어떻게 다뤘습니까?"

"제가 좋아하는 금언이 있어요. 제 평소 철학이기도 하지요. '문제는 아이스크림과 같다. 자꾸 핥아 먹지 않으면 엉망진창이 된다.'"
(나도 비슷한 금언을 알고 있다. '승자는 티백과 같다. 뜨거운 물에 들어가기 전까지는 그의 진정한 힘을 알 수 없다.')

앨런은 자기가 좋아하는 금언을 몇 가지 더 들려주었다. 굉장히 인상적이고 흥미로웠다.

"당신은 엄청난 성공을 이루었습니다. 전국에서 인정받는 기업 리더이고, 유대인 사회 내에서 지역적으로나 전국적으로나 상당한 영향력을 갖고 계시죠. 로드아일랜드의 가장 중요한 대변인들 중 한 명이기도 하고요. 게다가 대여섯 개의 명예박사학위도 갖고 있지요. 한 가지 여쭤보고 싶은 게 있습니다. 살면서 가장 큰 만족을 느낀 일이 무엇입니까?"

앨런에게 한 번도 물어보지 않은 질문이었다. 나는 속으로 생각했다. 흠, 앨런처럼 말솜씨 좋은 사람도 대답하려면 시간이 좀 걸릴 거야. 하지만 내 예상은 빗나갔다.

"그거 하나는 확실하게 말할 수 있습니다. 바로 프로비던스에 위치한 해즈브로 어린이 병원이에요. 저희 가족이 병원 설립에 자금을 제공했지요. 저희가 도움을 주는 어린이들을 만나고 감사해하는 부모들과 얘기해보면, 제가 이룬 다른 성공들은 전부 보잘것없어 보입니다. 제가 가장 좋아하는 일이 뭔지 아세요? 크리스마스 시즌이 되면 저는 병실을 하나하나 찾아다니며 아이들에게 선물을 줍니다. 그보다 더 중요한 일이 있을까요? 그보다 더 큰 기쁨을 주는 일이 있을까요?" 앨런의 목소리는 한껏 들떠 있었다.

내 질문을 출발점으로 해서 곧 그는 하버드 대학의 리더십 장학금 프로그램, 로드아일랜드 주 스미스필드에 위치한 브라이언트 대학의 장학금 프로그램을 후원한다는 이야기도 들려주었다. 또 앨런은 수단, 아이티, 아프가니스탄, 태국, 이스라엘에서 깨끗한 물을 공급하고 빈곤을 퇴치하기 위한 프로젝트에 상당한 자금을 대고 있었다.

앨런은 축복 받은 사람이다. 그는 삶에서 진짜 중요한 큰 기둥을 부여잡고 있는 것 같다. 그는 타인들이 더 크게 꿈꾸고 더 많이 배우고 더 많은 것을 행하고 더욱 큰 사람이 될 수 있도록 끊임없이 독려한다.

나는 간단한 질문을 하나 던졌을 뿐이지만 그의 이야기는 꼬리에 꼬리를 물고 계속되었다. 그에게 귀를 기울이면서 나는 많은 것을 배웠다.

그때 놀라운 일이 벌어졌다. 다 내가 던진 질문 덕분이었다. 그는 내게 비밀을 지켜달라고 신신당부했다.

"얘기해주고 싶은 게 하나 있어요. 하지만 비밀을 꼭 지켜주셔야 합니다. 아마 몇 주 뒤에 발표할 겁니다. 지금은 아는 사람이 몇 안 됩니다. 이제 당신도 포함해서요."

그는 내게 다가오더니 속삭이듯이 말했다. 누가 엿들을세라 주위까지 한 번 살폈다.

"우리는 맨해튼에서 진행될 한 프로젝트에 약 1억 달러를 기부할 계획입니다. 뉴욕뿐 아니라 전국적으로 큰 화제가 될 겁니다. 뉴욕에 가장 필요하면서도 흥미진진한 프로젝트 가운데 하나이죠. 생각만 해도 짜릿하지 뭡니까!"

 기억하는가? 내가 처음에 던진 질문은 "살면서 가장 큰 만족을 느낀 일이 무엇입니까?"였다. 이 질문 하나는 내가 앨런의 삶에서 전혀 알지 못했던 영역을 활짝 열어젖혔다. 그 질문이 커다란 금광으로 이어지는 통로였던 셈이다. 너무도 강력한 질문이었기에, 평소 같으면 내가 전혀 알지 못했을 비밀까지 알게 된 것이다.

▲ ▲ ▲

 친구나 직장 동료, 가족에게 이렇게 물어보라. **"살면서 가장 큰 만족을 느낀 일이 무엇입니까?"** 그런 다음 조용히 귀를 기울여라. 대화의 보석들이 가득한 보물 상자를 만나게 될 것이다.

▼ ▼ ▼

질문 사용법

"살면서 가장 큰 만족을 느낀 일이 무엇입니까?"

만족감은 성취감이나 행복과 다르다. 만족감은 소망과 꿈을 이루는 데서 온다. 총체적이며 완전한 심리 상태를 뜻한다. 몹시 흡족한 기분을 느끼는 것과 비슷하다.

가장 큰 만족을 얻은 일이 무엇인지 묻는 것은 상대방에게 매우 특별한 무언가를 들여다보기 위한 문을 여는 것이다. 이 질문은 두 사람 사이의 강력한 유대감을 만들이내는 촉매와도 같다. 편안하게 함께 식사를 하거나 친밀한 분위기에서 저녁을 보내는 경우처럼 말이다.

언제 사용할까
- 직장 동료 또는 일 때문에 만난 사람과 더 친밀한 유대감을 만들고 싶을 때
- 친구나 가족에 대해 좀 더 자세히 알고 싶을 때

어떻게 사용할까
- "당신 인생에서 무엇이 가장 큰 만족감을 줍니까?"
- "가장 만족스러운 인간관계/경험/직업이 무엇이었습니까?"
- "어떤 경험이 당신 인생에 가장 큰 영향을 줬습니까?"

이어지는 질문
- "좀 더 얘기를 들려주세요. 어떤 점이 특히 만족스러웠습니까?"
- "그 외에도 깊은 만족감을 준 것이 있습니까?"

chapter
11

진심 어린
교감이 필요할 때

벤 샘슨은 20년 넘게 주당 60시간을 일했다. 그는 기업의 사다리를 차근차근 올라가 점점 더 많은 책임과 권한이 따르는 직책에 앉았다.

벤 샘슨이라는 이름은 낯설지 모르지만 당신은 그와 비슷한 사람을 주변에서 쉽게 목격할 수 있을 것이다. 그의 아내 리즈는 두 자녀를 키우기 위해 직장을 포기했다. 리즈는 몇 번씩 이사를 다니고 십대 아이들이 속을 썩이는 동안에도 착실하게 가정을 돌봐왔다.

이제 얼마 안 있으면 아이들은 집을 떠나 대학에 진학할 예정이다.

벤과 리즈는 대학원에서 처음 만나 사랑을 키웠다. 졸업 후 두 사람은 각자의 분야에서 뛰어난 성공을 거뒀다. 벤은 대기업에 다녔고 리즈는 일류 은행에 근무했다.

리즈는 5년간 은행을 다니다가 아이를 낳기 위해 일을 그만뒀다. 그 후로 다시 취직하지는 않았지만, 그녀가 아이들 때문에 '일하는' 시간은 남편의 회사 근무 시간보다도 더 길었다.

아이들을 키우면서 신경 써야 할 일은 끝이 없었다. 대개 일과는 오전 6시에 시작됐다. (아이가 한밤중에 깨서 울지 않는다면 말이다. 물론 그런 날도 잦았다.) 매년 학교에서 열리는 경매 행사에 참여해야 했다. 6학년 담임을 돕는 학부모 봉사 활동도 있었고, 음악 레슨, 과외, 방과 후 운동경기까지, 쫓아다니면서 챙겨야 할 일이 한두 개가 아니었다.

한 달에 한 번 정도는 남편 회사의 본사를 방문하러 온 타지의 중역들과 식사하는 자리에도 부부 동반으로 참석해야 했다.

리즈의 여자 친구들 중 상당수는 직업 생활을 유지했다. 친구들이 무심하게 툭 던지는 말은 리즈에게 상처가 되곤 했다. "일은 언제부터 다시 할 거야?" 이 정도 질문은 그나마 괜찮았다. 하지만 "대체 '진짜' 직업은 언제 가질 거니?"라는 질문은 그녀의 가슴을 후벼 팠다.

리즈는 어머니로서 살아가면서 아이들과 함께 많은 시간을 보내는 것이 좋았다. 물론 다른 생각과 계획도 마음속에 있었지만 그것들은 기꺼이 잠시 접어두었다.

12월 초 어느 날 저녁, 여느 때처럼 긴 하루를 보낸 벤이 느지막이

퇴근했다. 통근 열차의 좌석에 몸을 묻은 그는 두 딸이 이제 성인이 다 됐다는 사실을 떠올렸다.

그리고 문득 생각했다. 아이들이 집을 떠나면 리즈는 무얼 할까?

벤의 친한 직장 동료 한 명이 얼마 전 이혼을 한 터였다. 벤은 그가 무슨 문제로 이혼까지 하게 됐는지 궁금했다. 한편 이런 생각도 스쳤다. 혹시 나한테도 그런 일이 일어날 수 있을까?

벤은 회사 근처 술집에서 한잔 걸치면서 동료에게 물어보았다. "도대체 어떻게 된 거야?"

"아내가 나한테 화가 많이 나 있었어. 내가 결혼생활 내내 자기가 원하는 만큼 친밀함을 보여주지 않았다면서. 그리고 내가 사회에서 잘나가는 동안 자기는 집에만 틀어박혀 있는 걸 참을 수가 없었다고 했어."

벤은 속으로 생각했다. 리즈는 분명히 그 정도는 아닐 거야. 하지만…… 어떻게 장담하지? 이런 문제에 대해선 한 번도 서로 대화를 나눠본 적이 없잖아.

벤의 동료는 결혼 실패로 크나큰 고통에 빠져 있었다. 그날 저녁 술집을 나서면서 동료가 벤에게 말했다. "애들도 다 크고 했으니까 리즈한테 뭘 하고 싶은지 물어보는 게 좋을 거야. 아내가 나한테 마지막으로 한 얘기 중 하나는 이거였어. '당신은 항상 당신의 꿈에만 집중했지 '내 꿈'에 대해서는 한 번도 물어보지 않았어.'"

우리는 대개 우리의 꿈에서 점점 멀어지지만, 위대한 예술가와 리더들은 자신의 꿈을 언제나 마음속에 붙잡고 있다. 상상하는 것을 즐겼던 헨리 데이비드 소로는 말했다. "꿈은 우리 인성(人性)을 보여주는 시금석이다." 반 고흐(Van Gogh)는 친구에게 이렇게 말했다. "나는 내 그림에 대해 꿈꾸고 그런 다음 내 꿈을 그린다네."

집에 돌아오는 열차 안에서 벤은 동료가 한 말을 곰곰이 생각해보았다. 그의 얘기가 맞았다. 벤은 리즈와 꿈에 대해 얘기해본 적이 없었다. 자기 꿈은 물론이거니와 리즈의 꿈에 대해서도 생각해본 적이 없었다. 그는 직장 일을 좋아했지만 가끔은 자신이 오르는 사다리가 엉뚱한 벽에 기대어 있는 건 아닐까 싶기도 했다.

그날 저녁식사 테이블서 벤은 리즈의 눈을 바라보며 간단한 질문을 던졌다.

"리즈, 당신은 꿈이 뭐야?"

"응, 뭐?"

"그러니까…… 당신은 마음속에 어떤 꿈을 갖고 있어? 예전에 학교로 돌아가서 학위를 따고 싶다는 얘기도 했었잖아. 기억나?"

리즈는 앞에 놓인 음식 접시를 내려다보았다. 다시 고개를 들었을 때는 눈에 눈물이 그렁그렁했다. 그러더니 입을 뗐다.

"당신은 한 번도…… 한 번도 내 꿈에 대해 물어본 적이 없잖아."

두 사람은 식탁에 앉아 두 시간 동안 이야기를 나눴다. 리즈는 마음속 꿈과 희망에 대해, 두려움에 대해 쏟아냈다. 벤은 모든 이야기를 가만히 들어주었다. 거의 자정이 다 돼서야 잠자리에 들었다.

상대방과의 관계를 그저 당연한 것으로 여기기 시작하는 순간 그 관계는 쇠퇴하기 시작한다. 피상적인 관계와 마지못한 반응은 아무런 의미가 없다. 갓 결혼한 듯 배우자를 대하라. 오래된 고객을 새로운 고객처럼 대하라. 친구를 만나면 1년 만에 만난 것처럼 반가워하며 귀를 기울여라. "당신의 꿈은 무엇입니까?"라는 간단한 질문을 던져라. 그래서 상대에게 진심 어린 관심을 갖고 있음을 보여주고 상대방이 자신의 오랜 꿈을 다시 찾도록 도와주어라.

▲ ▲ ▲

바쁜 하루하루에 쫓기는 우리들은 꿈을 꿀 여유조차 거의 없다. 친구나 사랑하는 사람이 가슴속에 품은 꿈과 열정을 끄집어내도록 이렇게 물어라. "당신의 꿈은 무엇입니까?"

▼ ▼ ▼

질문 사용법

"당신의 꿈은 무엇입니까?"
이것은 대단히 간단하면서도 강력한 질문이며 대부분의 사람들이 묻기 주저하는 질문이다. 주제넘은 질문이라고 느껴져서 그럴 수도 있다. 아니면 상대방의 대답을 차마 듣기가 두려울 수도 있다. 하지만 사람은 누구나 꿈꾸기를 좋아하며 마음속에 꿈을 품고 있다. 꿈을 말해달라는 요청은 상대방에게 마법과 같은 멋진 시간을 만들어줄지도 모른다.

언제 사용할까
- 사랑하는 사람 혹은 친구와 교감하거나 더 가까워지고 싶을 때
- 상대방의 열정과 꿈을 다시 찾게 해주고 싶을 때

어떻게 사용할까
- "아직 시도해보지 못했지만 꼭 하고 싶은 일이 무엇입니까?"
- "아무런 제약이 없다면(가령 자녀가 없거나, 금전적인 제약이 없거나, 배우자의 직업 때문에 구애받지 않는다면) 무엇을 하고 싶습니까?"

이어지는 질문
- "그것을 성취한다면 어떤 점이 가장 보람 있게 느껴질 것 같습니까?"
- "어떻게 하면 그 꿈을 이룰 수 있을까요?"
- "무엇이 그 일을 하는 걸 방해하고 있습니까?"

chapter
12

완전한 침묵이
완벽한 질문이
될 때도 있다

"가능한 한 빨리 전화 줘요. 할 얘기가 있으니까."

나는 11시 예배를 마치고 건물을 나가는 신도들과 악수를 나누고 있었다. 그때 우리 목사님인 톰 시웰(Tom Sewell)이 내 팔을 잡더니 급한 볼일이 있다고 속삭였다. 나는 교회 운영위원회 회장이라서 목사님과 매우 가까운 사이다.

나는 월요일 아침 일어나자마자 목사님에게 전화를 걸었다. 무슨 일인지 정확히 감이 잡히질 않았지만, 솔직히 말하면 최악의 상황을 예상하고 있었다.

다음 날 나는 책이 빼곡히 꽂혀 있는 목사님의 방을 찾아갔다. 목

목사님은 커다란 고민거리에 빠져 있는 듯했다. 그런 모습은 처음이었다.

그가 입을 열었다. "새로운 자리를 제안 받았어요. 내가 4주 전에 예배에 빠졌었잖아요. 사실 그때 뉴욕에 있는 교회로부터 초청을 받아서 그곳에서 설교를 했어요. 나를 한번 살펴본다는 취지였지요. 우리 교파에서 가장 규모가 크고 명망 높은 교회입니다. 나더러 담임목사를 맡아달라는 거였어요. 교회 전체에서 가장 중요한 직책이라고 할 수 있어요."

"목사님이 자랑스럽습니다. 하지만 놀랍지는 않네요. 목사님이 부임하신 이후로 우리 교회는 세 배나 성장했고 신도들도 전부 목사님을 좋아하고 따르니까요. 무엇보다도 목사님은 설교와 일치하는 삶을 사시잖아요. 그래서 어떻게 하기로 했어요?"

"그게 문젭니다. 결정을 못 내리겠군요. 아내 낸시는 이사 가는 것을 달가워하지 않아요. 하지만 내가 어떤 결정을 내리든 따르기는 할 겁니다. 애들도 좋아하지 않을 거예요. 친한 친구들도 다 여기 있고 이사 가는 걸 싫어할 나이니까요…… 제가 어떡하면 좋을까요?"

나는 목사님이 빠진 딜레마를 잠시 생각해보았다. 누군가가 몹시 개인적인 결정을 내려야 할 때, 혹은 두 가지 선택 중에 갈팡질팡하고 있을 때, 그 사람이 정말로 무엇을 원하는지 드러날 때까지 깊이 파고 들어가보는 것이 최선인 경우도 있다.

나는 '플러스 마이너스 방법'을 사용하기로 했다. 종이 한가운데에 위에서 아래로 줄을 긋고 한쪽에는 장점, 다른 쪽에는 단점을 적어 내려가는 방법 말이다.

나는 장점과 단점에 대해 질문을 하기 시작했다. 뉴욕 교회로 옮길 경우 장점들이 많다. 높은 봉급, 좋은 사택, 이곳의 네 배나 되는 교인, 풀타임 사무 관리자, 밑에 거느릴 일곱 명의 직원 등.

하지만 반대편의 목록이 훨씬 더 길다. 우선은 낸시가 이곳에 남고 싶어한다. 그리고 첫째와 둘째 자녀가 고등학교에 다니고 있다. 테드는 학교 대표 농구팀에서 뛰고 있고 프랜은 학급 반장이다. 게다가 목사님 자신도 뉴욕을 별로 좋아하지 않는다.

목록은 계속된다. 뉴욕에 가면 목사님은 설교하는 데 모든 시간을 바쳐야 할 것이다. 옛 교인들과 연락하거나 관계를 유지하는 일도 어려워진다. 뉴욕으로 간다면 목사님이 교회의 '얼굴 마담' 역할은 하겠지만 교회의 정신과 영혼은 되지 못할 것이다. 게다가 우리 교회는 모금 캠페인을 막 시작한 터였다. 목사님은 이 중요한 시기에 떠나는 것을 걱정했다. 단점을 적어 내려간 목록이 길고 길었다.

나는 몇 시간 동안 그의 얘기를 들어주었다.

마침내 긴 침묵이 흘렀다. 완전한 침묵이. 베네딕트 수도회에서나 볼 법한 침묵이다. 이윽고 내가 이렇게 물었다. "지금까지 하신 모든 얘기들을 고려할 때, 목사님이 어떤 결정을 내리는 게 옳다고 생각하세요?"

목사님은 의자에서 벌떡 일어나더니 나를 와락 껴안았다. "당신이 정답을 줬어요. 이제 너무 분명해요. 저는 가지 않을 겁니다."

사실, 나는 그에게 어떤 답도 주지 않았다. 목사님 스스로 해결책을 찾은 것이다. 어디선가 영화 〈로키〉의 배경음악이 들리는 듯했다. 그게 3년 전이었다. 목사님은 한 번도 후회하지 않고 그 누구보다 행복한 삶을 살고 있다. 교인들은 계속해서 늘어나고 있으며 설교는 어느 때보다 영감과 감동을 준다. 게다가 그가 가르쳤던 주일학교 아이들의 결혼식 주례도 보기로 했다. 그는 행복과 만족감으로 가득하다.

때로는 조언이 불필요한 경우가 있다. 어떤 상황에서는 조언을 해줘서는 안 된다. 상대방으로 하여금 자신의 질문에 대한 답을 스스로 찾게 만들면, 그 사람은 작가 버지니아 울프(Virginia Woolf)가 '존재와 깨달음의 순간, 진리가 직관의 번득임 속에서 자각되는 특별한 시간'이라고 부른 빛과 같은 순간을 경험할 수 있다.

▲ ▲ ▲

매우 개인적인 선택을 내려야 하는 사람에게 물어라. **"당신이 어떤 결정을 내리는 게 옳다고 생각합니까?"** 그리고 입을 다물어라. 굳이 침묵을 깨려고 하지 마라. 상대방이 올바른 대답을 찾도록 해줘라.

▼ ▼ ▼

질문 사용법

"당신이 어떤 결정을 내리는 게 옳다고 생각합니까?"
17세기 스페인의 예수회 사제였던 발타사르 그라시안(Baltasar Gracian)은 왕과 왕비, 부유한 귀족에게 조언을 해주는 신뢰 받는 고문이었다. 지금도 널리 읽히는 책 《세상을 사는 소중한 지혜(The Art of Worldly Wisdom)》에서 그는 이렇게 말했다. "군주에게 조언을 할 때는 그가 잠시 잊어버린 무언가를 상기시켜주는 것처럼 행동해야지 그가 보지 못하는 빛을 보여주는 것처럼 행동해서는 안 된다."
때로는 상대방을 특정한 방향으로 밀고 갈 것이 아니라, 그가 자신의 내면을 깊이 들여다보고 정답을 깨닫도록 도와주어야 한다.

언제 사용할까

- 두 가지 선택이 가져올 이점이 서로 매우 비슷할 때(두 가지 중에서 망설이고 있다면, 논리적 분석은 더 이상 도움이 되지 않을 수도 있다.)
- 사랑하는 주변 사람들에게도 영향을 줄 수 있는 매우 개인적인 결정일 때(새로운 지역으로 이사 가는 일이 아이에게 미칠 영향은 계량화할 수 없다. 그것은 오로지 마음만이 느낄 수 있다.)

어떻게 사용할까

- "당신의 가슴은 뭐라고 말하나요?"
- "이 결정이 당신의 가족(배우자, 자녀, 그 밖에 사랑하는 사람)에게 어떤 영향을 미칠까요?"
- "두 가지 선택 사항의 경우를 각각 생각해보세요. 2년 후에 각각에

대해 어떤 후회를 하게 될까요?"

이어지는 질문
- "결정에 가장 큰 영향을 미치는 요소는 무엇인 것 같습니까?"
- "이제 다음 단계는 무엇입니까?"

chapter
13

나는 마거릿과 점심식사를 하고 있었다.

이런 종류의 점심 약속은 웬만하면 잡지 않는 편이다. 하지만 마거릿은 식사를 함께 하자고 지난 1년간 매달 나에게 전화를 했다. 그녀는 내가 사업용 계좌를 갖고 있는 은행의 부장으로, 프라이빗 뱅킹 부문을 담당하고 있다.

문득 이런 생각이 들었다. '언제고 대출 거래가 필요할지도 모르니까 한번 만나보는 것도 괜찮겠지 뭐.'

"좋습니다. 점심식사 한번 합시다. 이제 만날 때도 됐죠." 그녀가 최근에 전화했을 때 나는 이렇게 말했다. 우리는 그녀가 선택한 특별한 레스토랑에서 만났다. 도착하니 그녀가 먼저 와서 테이블에서 기다리고 있었다. 그녀가 자리에서 일어났다. 악수를 할 때 내 손을 꼭 잡는 그녀의 손에서 친근함이 느껴졌다.

웨이터가 주문을 받으러 오기 전에 마거릿은 은행에서 얼마나 일했는지 얘기했다. 현재의 위치에 오르기까지 거쳤던 승진 과정에 대해서도 설명했다. "여기까지 올라오기 위해 정말 누구보다 열심히 일했죠."

웨이터가 클램 차우더를 가지고 왔다. 클램 차우더를 먹는 동안 나는 그녀가 하와이에서 보낸 2주간의 멋진 휴가 이야기를 들었다. "매년 가거든요. 그곳에 사용권을 구입해서 묵는 별장이 있답니다. 정말 멋진 곳이죠."

('대화 분위기가 어디로 흘러가고 있는 거지?' 하는 생각이 든다. 영화 〈스카페이스(Scarface)〉를 보면 알 파치노가 저택의 커다란 욕조에서 거품 목욕을 하며 쉬는 인상적인 장면이 나온다. 그는 주변을 둘러보며 이렇게 묻는다. "이게 다야?" 나도 속으로 같은 질문을 하고 있다.)

클램 차우더를 다 먹고 코브 샐러드가 나오기 전, 마거릿은 최근에 태어난 손자 이야기를 꺼냈다. 가방을 뒤지더니 사진까지 꺼내서 보여준다. 손자가 생긴 할머니만큼 유난을 떨며 자랑스러워하는 사람은 세상에 또 없을 것이다.

(나는 마거릿이 나한테 질문할 것은 없는지 궁금하다. 아직까지는 없다.)

우리는 커피로 식사를 마무리했다.

마거릿은 손목시계를 들여다보았다. 눈 깜짝할 사이에 벌써 헤어질 시간이다. 그녀가 말했다. "정말 특별한 시간이었습니다. 당신과 만나는 자리를 정말 기대했었거든요."

잠깐, 지금 이게 뭐지? 나는 마거릿에 대해 많이 알게 되었다. 하지만 그녀는 나라는 사람에 대해 알게 된 것이 아무것도 없었다. 전혀. 나를 움직이는 동기가 무엇인지, 내가 아침에 침대에서 일어나는 이유가 뭔지 조금도 모른다. 당연히 내 비즈니스에 대해서도 아무것도 파악한 게 없다.

만일 그녀가 내게 간단한 열린 질문을 던졌다면 어떤 것들을 알게 되었을지 상상해보라. 이를테면 이런 질문들 말이다. "우리 은행의 서비스에 대해 어떻게 느끼시나요?", "직접 사업에 뛰어드신 이유가 뭐예요?", "당신은 우리의 중요한 고객입니다. 당신에게 필요한 점을 채워주기 위해 저희가 할 수 있는 게 뭐가 있을까요?"

무엇보다 중요한 질문은 이것이다. "그래요? 좀 더 자세히 얘기해주실 수 있어요?"

상대방에게 질문을 던지고 그 사람의 대답을 들은 뒤 "좀 더 자세히 얘기해주세요"라고 말해보라. 그러면 그에게서 이야기와 정보가 쏟아져 나올 것이다. 사실 이 간단한 요청은 상대방의 이야기를 이끌어내고 싶을 때 언제든 활용할 수 있다. "좀 더 자세히 얘기해주실래요?"는 일상의 어떤 상황에서든 사용할 수 있는 강력한 질문이다.

나는 머리를 절레절레 흔들며 레스토랑을 나왔다.

사무실에 돌아오자 동료가 점심식사에 대해 물었다. "어땠어요? 유익한 시간이었어요?"

"아니요!" 나는 적절한 대답을 생각하고 말 것도 없이 반사적으로 내뱉었다.

"왜요? 무슨 일 있었어요?" 그가 물었다.

마거릿과의 식사를 되돌아보니 그녀는 비즈니스나 경력에 대한 나의 생각을 밝히게끔 만드는 질문을 전혀 하지 않았다. 또 나와 비슷한 직종에 있는 고객들이 내가 직면한 유형의 문제에 어떻게 대처하는지에 대한 이야기도 들려주지 않았다. 그녀는 내가 우선시하는 사항들에 대해 알아내지 못했기 때문에, 어떻게 하면 내게 더 나은 서비스를 제공할 수 있는지 또는 내가 도움을 얻을 수 있는 다른 서비스는 어떤 게 있는지 등등을 파악하는 데 도움이 될 정보를 알아내지 못했다.

무엇이 문제인지 보이는가? 분명히 보이리라 믿는다.

마거릿은 엄청난 잠재력을 지닌 기회를 놓쳐버렸다. 그녀는 비즈니스라는 회전문을 스스로 밀기보다는 다른 사람이 그 문을 밀 때 함께 통과하는 사람이었다. 그녀는 나와 은행의 거래 관계를 더 굳건하게 만들 수도 있었다. 나에게서 적극적인 비즈니스 지원을 받을 수도 있었다. 하지만 그러지 못했다.

당신 자신에게 초점을 둬서는 안 된다. 당신 혼자만 떠들면 상대방에 대해 아무것도 알아내지 못한다. 당신만 얘기하면, 스포트라이트는 당신에게 쏠리는 셈이다. 당신의 이야기만 늘어놓으면 상대방에게 이야기할 권한을 주지 못하게 된다.

그저 소극적으로 듣고 반응하는 데서 그치지 말라. 상대방에게서 정보를 끌어내고 활기 넘치는 대화 분위기를 조성하라. 그 두 가지의 차이를 명심하라. "더 자세히 얘기해주세요"는 상대방의 생각과 경험의 다음 단계를 열 수 있는 마법의 열쇠다.

▲ ▲ ▲

"좀 더 자세히 얘기해줄 수 있어요?"라고 물어서 더 많은 정보를 얻어내고 상대방의 마음을 열어라. 자주 이 질문을 던져라. 부드러운 버터 빵이 식사 테이블에 빠지면 안 되듯이, 이 질문은 대화에서 빠져서는 안 된다.

▼ ▼ ▼

질문 사용법

"좀 더 자세히 얘기해줄 수 있어요?"

어떤 여성이 한 달이라는 시간 내에 19세기 영국의 대표적인 두 정치가 글래드스턴(William Gladstone)과 디즈레일리(Benjamin Disraeli)와 각각 저녁식사를 했다. 두 사람 모두 영국의 총리를 역임한 인물이었다. 두 사람을 비교하면 어떻게 다르냐는 질문을 받자 그녀는 이렇게 대답했다. "글래드스턴과 식사를 하고 나서는 그가 영국에서 가장 똑똑한 사람이라는 인상을 받았다. 그리고 디즈레일리와 식사를 하고 나서는 '내'가 영국에서 똑똑한 사람이 된 듯한 기분을 느꼈다!"

당신이 줄곧 떠들면서 대화의 초점을 당신한테만 맞추는 경우, 상대방이 당신을 똑똑하다고 생각할 수는 있다. 하지만 당신은 상대방의 신뢰를 얻지는 못한다. 상대방에 대해 알 수 있는 기회도 얻지 못한다. 오래도록 이어지는 알찬 인간관계를 맺기 위한 기초를 쌓을 기회를 놓쳐버리고 만다.

언제 사용할까
- 자주 그리고 어디서든
- 더 깊이 들어가서 자세하게 이야기하도록 유도하고 싶을 때

어떻게 사용할까
- "그 내용을 더 자세히 들려주겠어요?"
- "……라고 말씀하신 게 정확히 무슨 뜻이죠?" (특정한 표현을 더 자세히 설명해달라고 요청한다.)

이어지는 질문
- "언제 …… 했습니까?"
- "무엇이 …… 했습니까?"
- "어떻게 …… 했습니까?"
- "왜 …… 했습니까?"

chapter
14

당신의 사망 기사를
작성해보세요

모든 것은 검정색 가방에서 시작되었다. 우리 아버지의 검정색 의사용 가방 말이다.

그런 가방은 요즘 의사들은 잘 쓰지 않지만 1950년대에는 인기가 많았다. 커다란 직사각형 모양에 모서리는 둥글고 재질이 까칠까칠한 무광택 검정색 가죽으로 만들어진 것이었다. 가방 안에는 온갖 종류의 신기한 작은 상자와 물약 병이 들어 있었다. 심지어 주사기도 있었다. 아버지가 언제든 꺼내서 환자를 치료할 수 있는 약들로 가득했다. 그 검정색 가방은 매혹적이었고 강력했으며 신비로웠다. 여섯 살의 나이에 나 역시 의사가 되겠다고 결심했다.

우리 가족의 대부분은 의료계에서 일했다. 할아버지는 성공을 거둔 비뇨기과 의사였고 어머니는 2차 세계대전 당시 간호사로 일했다. 큰형은 내가 고등학교 3학년 때 의과대학원에 들어갔다.

대학교에서 나는 의대 준비과정에 들어갔다. 미적분학과 생물학을 비롯해 수많은 이과 수업을 들어야 했다. 나로서는 쉽지만은 않은 길이었다. 요즘과 마찬가지로 그때도 의과대학원에 들어가는 것은 상당히 어려운 일이었다. 대학 생활 4년을 도서관에 틀어박혀 보내야 했다. 물론 성적도 상위권이어야 했다. (좋은 성적을 받는 것 자체가 힘들다기보다는 수학과 과학에서 꾸준히 높은 점수를 유지하는 게 보통 일이 아니었다!)

의대 준비과정에 필요한 과목들이 썩 마음에 들지는 않았다. 내게는 그 내용이 너무 무미건조했다. 대신 나는 문학과 역사, 언어 수업에서 성적이 좋았다.

하지만 나는 이를 꽉 물고 매달렸다. 이과 수업들은 내 목표를 성취하기 위해 뛰어넘어야 할 장애물일 뿐이었다. 어렸을 때부터 의사가 되기를 원하지 않았던가. 가족들도 모두 의료계에서 일했거나 그럴 예정이었다. 대학 1학년 때 내 다른 형제도 의대에 지원할 것이라는 뜻을 가족들에게 밝혔다.

공부가 주는 압박은 점점 더 커졌다. 하지만 나는 속으로 되뇌었다. 무슨 일이 있어도 언젠가는 까칠한 가죽으로 된 검정색 의사 가방을 손에 들고 말리라!

그러다가 2학년 때 대학 신문에 난 광고가 우연히 눈에 들어왔다. "진로 상담 세미나. 효과적인 이력서 쓰는 방법!"

나는 생각했다. 한번 가볼까? 어쩌면 여름방학 아르바이트를 얻을 때 도움이 될 수도 있잖아? 방학 때 훌륭한 직장에서 일한 경력이 있으면 의대에 합격하기도 더 유리할 것 같았다.

그때는 몰랐지만 나는 인생의 전환점을 곧 만날 참이었다. 인생에서 몇 번 만나기 힘든 중대한 갈림길을. 배우자를 선택하거나 직업을 결정하는 순간, 혹은 승진 제안을 받아들여 지구 반대편으로 이사 갈지 말지 고민하는 상황 같은 순간 말이다.

로버트 프로스트(Robert Frost)는 〈가지 않은 길(The Road Not Taken)〉이라는 시에서 그러한 갈림길에 서는 기분을 멋지게 노래했다. 이 시는 지금도 많은 독자의 사랑을 받는다. 시에서 화자는 노랗게 물든 숲을 걷다가 갈림길을 만난다. 양쪽 길에는 비슷한 양의 낙엽이 떨어져 있지만 한쪽이 사람이 덜 다닌 것처럼 보인다. 그는 잠시 망설인다. 어느 길을 택할 것인가? 어느 선택이 옳은 것일까?

프로스트는 다음과 같은 말로 시를 마무리한다.

숲 속에 두 갈래 길이 있어

사람이 덜 다닌 길을 갔더니

그것이 내 삶을 이렇게 바꿔놓았다네

시는 인생을 바꾸는 중대한 결정을 내리는 일이 얼마나 어려운지 노래한다. 두 가지 선택의 차이점이 얼마나 미미한지를, 그리고 우리가 훗날 돌아보며 그때 내린 선택이 옳았다고 믿게 되기를 바란다는 점을 말해주는 시다.

이런 갈림길을 만나면 우리는 결정을 내려야 한다. 그리고 일단 결정을 내리면 치열하게 앞으로 나아가야 한다!

나는 진로 상담 세미나에 등록했다. 이틀 동안은 이력서 쓰는 법을 배웠다. 그동안 쌓은 경험과 학력을 강조하여 기술하는 법도 배우고 인터뷰 기술과 인맥 쌓는 법도 배웠다.

둘째 날 오후, 마지막 과제가 주어졌다. 강사가 말했다. "이게 여러분의 마지막 과제입니다. 종이 한 장을 꺼내서 한 시간 동안 여러분의 사망 기사를 써보세요. 여러분이 죽고 난 뒤에 지역 신문에 여러분의 인생에 관해 실릴 기사를 쓰면 됩니다. 어떤 내용이 적혔으면 좋겠습니까? 그 글에 어떤 인생이 담기게 될까요? 자, 이제 시작해보세요."

우리는 깜짝 놀랐다. 헐! 사망 기사라고? 스무 살 때는 누구나 영원히 살 거라고 믿는 법이다. 죽는다는 건 상상도 못 할 일이다. 그런데 이런 우울한 과제를?

나는 기사를 적기 시작했다. 의료계에 몸담은 화려한 경력이다. 사망 기사에 소개된 나는 유명한 의과대학원에서 교수직도 맡은 적이 있는 저명한 의사였다. (우리 아버지처럼 말이다). 대형 병원도 개업

해서 운영했다. (우리 아버지처럼 말이다.) 그 외에도 여러 가지가 있다. 우리 부모님이 얼마나 자랑스러워하실지 잠시 상상해본다. 고정적인 고수입. 쏟아지는 찬사.

하지만 20분 후 나는 갑자기 글쓰기를 중단했다. 약간의 공황 상태가 찾아온다. 심장이 빠르게 방망이질을 한다.

지금 내가 뭘 쓰고 있는 거지? 펜을 내려놓았다. 벼락을 맞은 기분이다.

내가 진짜 원하는 것은 많은 곳을 돌아다니는 삶이다. 해외에 살면서 기업가 활동을 하는 것이다.

앞으로도 길고 긴 시간에 걸쳐 의학 공부를 해야 한다는 사실이 갑자기 큰 부담으로 다가왔다. 크게 흥미도 못 느끼는 수업들을 4년간 들어야 한다. 의과대학원에 떨어지면 어쩌나 하며 4년 내내 불안감에 시달려야 한다. 그다음에는 다시 대학원에서 4년을 보낸다. 그 이후에는 또 레지던트로 3년에서 5년을 보낸다. 나중에 혹시 운이 좋으면 대학원 장학금을 받을지도 모르지만.

나는 유기화학 따위를 별로 공부하고 싶지 않았다. 어느 순간 내가 아버지와 할아버지를 위해 그걸 공부하고 있다는 사실을 깨달았다. 하지만 결코 나 자신을 위한 것은 아니었다.

나는 외국어를 공부하고 훌륭한 문학작품을 읽고 싶었다. 내 안의 목소리가 소리쳤다. "정말로 의사가 되고 싶은 거 맞아? 넌 단지 '그들'을 위해 의사가 되려는 거지 너 자신을 위해서가 아니야! 여기저기 돌아다니고 싶은 꿈은 어떻게 되는 거야?"

의사가 되겠다는 결심을 했다니, 생각만 해도 아찔하다.

나는 저명하고 존경 받는 의사로 살다 갔다는 내용의 첫 페이지를 찢어버렸다. 그리고 잠시 멈췄다가 다시 쓰기 시작했다. 하지만 이번에는 완전히 다른 이야기, 다른 미래였다.

새로 쓴 사망 기사에서 나는 국제 비즈니스 분야에 경력을 갖고 있다. 4개 국어를 능숙하게 구사하며 유럽에서 사업체를 운영한다. 경제경영서도 몇 권 저술했고 전 세계를 돌아다닌다. 또 경영대학원에서 강의도 한다. 나는 완전히 다른 경력 궤도를 스케치한다. 결혼 생활과 세 명의 자녀에 대한 이야기도 쓰고 흥미로운 친구들에 대해서도 묘사한다.

아직 스무 살밖에 안 됐지만 나는 사망 기사를 쓰고 있었다. 하지만 사실 그것은 내 인생 계획과 마찬가지였다. 내 가슴을 설레게 하는 계획 말이다. 아버지의 계획이 아니라 내 계획이었다.

수년 후 나는 그 종이를 잃어버렸다. 하지만 내용은 결코 잊어버리지 않았다.

세미나 다음 날은 일요일이었다. 나는 기숙사 복도 끝으로 걸어가 공중전화에 동전을 넣었다. 늘 그렇듯 수신자 부담이었다. 나는 매주 부모님께 전화를 드렸다.

"아버지, 저 의대 안 가기로 했어요."

나는 못마땅해하는 목소리, 훈계하는 소리, 기운 내라는 응원이

섞인 조언 등등이 들려오길 기다렸다. 하지만 그런 것은 들리지 않았다.

"네가 의대에 가든 안 가든 상관없다. 네가 정말로 원하는 꿈을 추구하기를 아버지도 원한단다."

(나는 속으로 생각했다. 이게 꿈이야 생시야? 말도 안 돼!)

"정말요?"

"그래. 가족들 중 아무도 네가 의사가 꼭 돼야 한다고 생각하지 않아."

충격이었다. 할 말을 잃었다. 전화 수화기가 손에서 미끄러져 내려갔다. 나는 천천히 숨을 가다듬으면서 활짝 미소를 지었다. 당장이라도 달려가 아버지를 안아드리고 싶었다.

혹 궁금한가? "그래서 이 사람 결국 어떻게 됐지?" 하고. 결론을 얘기하자면, 모든 게 잘되었다. 내가 스무 살 때 사망 기사에 쓴 내용이 거의 그대로 이루어졌다.

▲ ▲ ▲

상대로 하여금 인생에서 진짜 하고 싶은 일이 뭔지, 다른 사람들에게 어떻게 기억되길 원하는지 생각해보게 만들려면 이렇게 물어라. "오늘 당신의 사망 기사를 써야 한다면, 당신과 당신 삶에 대해 어떤 내용이 적히길 바랍니까?"

▼ ▼ ▼

"오늘 당신의 사망 기사를 써야 한다면 당신과 당신 삶에 대해 어떤 내용이 적히길 바랍니까?"

사망 기사는 죽은 자들을 위한 것이 아니라 남아 있는 자들을 위한 것이다. 그것들은 저세상으로 떠난 사람의 가족과 친구들이 고인의 삶을 떠올리며 기념하게 해준다.

하지만 사망 기사는 살아 있는 우리에게 또 다른 의미에서 중요한 무언가가 될 수 있다. 사망 기사의 내용을 상상해보면 앞으로의 삶의 계획을 세우는 데 도움이 된다. 당신에게 가장 중요한 것, 당신이 정말로 좋아하는 것을 뚜렷하게 깨달을 수 있다. 지금 쓰는 사망 기사는 앞으로 당신이 내릴 결정들을 선명하게 부각시켜준다.

언제 사용할까
- 누군가에게 코칭이나 멘토링을 해줄 때
- 젊은 사람이 직업 경력이나 인생과 관련하여 중요한 선택을 앞두고 있을 때

어떻게 사용할까
- "앞으로의 인생을 내다보면 무엇이 당신에게 가장 큰 성취감과 개인적 만족을 줄 것 같습니까?"
- "살면서 아직 시도하지 못한 일 중에 죽기 전에 꼭 해보고 싶은 일은 무엇입니까?"

이어지는 질문

- "사망 기사에 그런 내용을 왜 포함했습니까?"
- "그 꿈을 성취하는 데 방해가 될 장애물은 어떤 게 있습니까?"

chapter
15

이 질문은 언제나 긍정적이다

 준비하시라. 이번 장에서 다룰 탁월한 질문을 나는 당신에게 묻고 싶다.
 당신 인생에서 가장 행복한 날은 언제였는가?
 중요한 승진이 결정됐던 날인가? 첫아이가 태어났을 때인가? 미래의 배우자를 만난 날인가? 아니면 결혼식을 올린 날인가?
 살아온 날들 중에 가장 특별했던 날이 언제였는가? 수년이 지난 후에도 당신을 환하게 미소 짓게 만드는 기억은 무엇인가?
 잠깐 멈춰 서서 생각해보라. 인생에서 가장 행복한 날, 최고의 순간은 언제였나? 마음속에 당신의 대답을 명확히 떠올려보라. 그리고 그것을 음미하라. 그런 다음에 책을 계속 읽어나가길 바란다. 지금부터 당신에게 밥(Bob)에 관한 이야기를 들려주려고 한다.

아마 당신도 밥과 비슷한 유형의 사람을 몇 번쯤 만나봤으리라. 하지만 자주 만나보지는 못했을 것이다. 밥 같은 사람이 방 안에 들어오면 그 공간을 완전히 장악한다. 그들의 존재감 자체가 방 안을 가득 채운다.

밥은 바로 그런 사람이다.

밥은 퍼트넘 인베스트먼츠(Putnam Investments)의 회장 겸 CEO인 로버트 레이놀즈(Robert Reynolds)의 애칭이다. 퍼트넘은 미국의 5대 투자관리 회사에 속하는 기업이다.

밥이 퍼트넘에 합류했을 때 이 회사는 심각하게 위태로웠다. 수익은 수년간 저조했고 부적절한 거래와 관련된 민사소송이 걸려 있는 상태였다. 당시 금융업계의 총아였던 밥이 왜 이런 어려운 회사에 기꺼이 뛰어들었는지 의아할 것이다.

밥은 퍼트넘을 보란 듯이 회생시켰다. 〈월스트리트저널〉은 그가 퍼트넘의 새로운 시대를 열었다면서 '그는 이 회사의 성과와 평판을 동시에 회복시켰다'고 보도했다.

밥은 말한다. "퍼트넘에 와보니 직원들은 더 이상 손실을 내지 않는 방법에만 골몰하고 있었습니다. 그래서 저는 직장을 유지하고 싶다면 '수익을 올릴' 방법에 집중하라고 말했지요."

그의 사무실은 각종 사진과 조각상, 기념품, 그리고 투자업계의 공룡인 피델리티(Fidelity)를 떠날 때 받은 선물들로 가득했다. 피델리티와 관련된 이야기는 잠시 후에 소개하겠다.

우선은 밥과 나눈 다른 이야기를 들려주겠다. 나는 그에게 많은 질문을 했다. 누군가를 만나면 나는 항상 그렇게 한다. 내가 던지는 질문들 중에서 상대방의 가슴 아픈 기억을 이끌어내는 질문이 하나 있다. (가장 내밀한 질문이기도 하다.) "지금껏 살아오면서 가장 크게 낙담했던 경험은 무엇입니까?"

나는 밥에게 그렇게 물었다. 그는 꿈쩍도 하지 않았다.

대충 짐작이 갔다. '아마도 털어놓기에는 너무 아픈 기억이겠지.' 하지만 마침내 입을 연 밥에게서 이런 대답이 나왔다.

"사실 저는 좀처럼 낙담하지 않는 편입니다. 크게 낙담하거나 절망감을 느낀 일이 떠오르지 않는군요. 저는 긍정적인 성격이에요."

나는 좀 더 깊이 파고 들어가보기로 했다. 나는 밥에 대해 꽤 많이 안다고 생각했다. 나는 그가 전미 미식축구 연맹(NFL)의 커미셔너(특정 스포츠 종목의 원활한 리그 운영 및 이익 창출을 책임지는 최고경영자—옮긴이) 자리에 오르지 못한 일을 가장 낙담했던 경험으로 꼽을 것이라고 추측했다. 심지어 그는 여러 팀 구단주들의 지목까지 받은 상태였다.

"후보가 꽤 많았어요. 나중에는 여덟 명으로 추려졌고 그다음에는 네 명이 되었죠. 최종적으로 내부 후보와 제가 남았습니다. 폴 태글리아부(Paul Tagliabue)에게서 전화가 왔습니다. 그는 당시 커미셔너 자리에서 은퇴하기 직전이었죠. 그가 말하더군요. '내 생각에는 당신이 적임자입니다. 만나서 얘기를 나눠봅시다.' 우리는 만나서 유익한 시간을 보냈습니다. 하지만 결국 저는 그 자리를 맡지 못했습니다. 그래도 실망하지는 않았어요. 최종 후보까지 올라갔다는 것만으로도 자랑스러웠습니다."

밥과 나는 세 시간 동안 많은 이야기를 나눴다. 그동안 놓치고 있었던 내용들이 많았다.

나는 또 다른 강력한 질문을 던졌다. "밥, 잘 생각해보세요. 당신 인생에서 가장 행복했던 날은 언제였습니까?"

"그건 대답하기 아주 쉽군요. 피델리티의 네드 존슨(Ned Johnson)이 저를 그의 후임 CEO로 지명했을 때입니다. 정말 말할 수 없이 기뻤지요. 그동안 쌓은 모든 것들이 결실을 맺는 순간이었어요. 하지만 결과적으로 저는 그 자리에 앉지 못했습니다. 자세한 내용이 궁금하다면 〈포춘〉지를 읽어보세요. 지금 들려드리기엔 너무 긴 이야기라서요. 하지만 기분 좋게 헤어졌어요. 제가 피델리티를 떠날 때가 되었던 거죠."

피델리티를 떠날 때 밥은 회사의 2인자이자 최고운영책임자(COO)였다.

우리는 피델리티에 대해 오랫동안 얘기했다. 밥에 대해 잘 알고 있었지만 '가장 행복한 날이 언제였습니까?'는 처음 던져본 질문이었다.

이 질문 덕분에 그에게서 피델리티 시절의 경험에 대한 많은 의견과 통찰을 들을 수 있었다. 가족기업에서 늘 2인자의 자리를 유지한다는 것은 매우 어려운 일이고 때로는 상당한 스트레스를 안겨준다. 특히 자신이 지시를 내리는 직원들 중에 가족이 포함된 경우에는 더욱더 힘들 수밖에 없다. 나는 밥의 경우와 비슷한 이야기가 문득 떠올랐다.

누군가가 크리스천 허터(Christian Herter)에게 국무장관 존 포스터 덜레스(John Foster Dulles) 밑에서 2인자로 일하는 것이 어땠냐고 물었다. 그는 이렇게 답했다. "한 사람이 주도하는 부서에서 2인자로 지낸다는 건 매우 힘든 일입니다."

밥과 만난 자리에서 가장 의미심장한 대답과 대화를 이끌어낸 질문은 '인생에서 가장 행복했던 날은 언제였습니까?'였다. 이 질문을 던지면 언제나 상대방에 대해 몰랐던 많은 부분을 알게 된다.

한 가지 더. 한 사람에게 가장 행복했던 날이 다른 사람에게도 반드시 그렇다는 보장은 없다는 점을 염두에 두길 바란다.

존 애덤스(John Adams) 대통령은 어느 날 일기에 이렇게 썼다. "찰스와 함께 낚시를 갔다. 내 인생 최악의 날이었다." 그의 아홉 살짜리 아들 찰스는 일기에 이렇게 썼다. "오늘 아빠랑 낚시를 갔다. 내 인생 최고의 날이었다."

▲ ▲ ▲

깊이 파고 들어가 상대방에 대한 특별한 무언가를 알아내라. **"인생에서 가장 행복했던 날이 언제였습니까?"** 하고 물어라. 상대방의 얼굴에 미소가 번질 것이다.

▼ ▼ ▼

질문 사용법

"인생에서 가장 행복했던 날이 언제였습니까?"

이 질문은 어두운 방에 환한 빛을 비추며 누군가의 우울한 기분을 깨끗이 날려줄 수 있다. 어쩌면 상대방이 대답을 못 할 수도 있다. 행복한 기억을 단 하나도 떠올리지 못할 수도 있다. 그래도 괜찮다! 당신의 질문은 상대방의 마음을 움직여 그의 삶에서 가장 인상 깊었던 기억들을 되짚어보게 만들 것이다.

상대방이 놀라운 대답을 하든 아니면 생각에 잠겨 침묵을 지키든, 이 질문은 언제나 긍정적인 영향을 미친다.

언제 사용할까

- ◆ 상대방을 좀 더 깊이 이해하여 더 친밀한 관계를 맺고 싶을 때
- ◆ 상대방의 성격 형성에 영향을 미친 중요한 사건들을 알고 싶을 때

어떻게 사용할까

- "당신 인생에서 최고의 날은 언제였습니까?"
- "살아오면서 가장 커다란 기쁨을 느낀 일은 무엇입니까?"

이어지는 질문

- "그 일이 당신에게 왜 특별했습니까?"
- "특별히 기억나는 다른 날이나 사건은 없습니까?"

chapter
16

딜레마에 빠진
친구에게

"온몸이 산산조각 나는 거 같아요. 정말 가슴이 찢어지는 듯해요. 이런 최악의 기분은 평생 처음입니다."

나는 존 커크먼(John Kirkman)과 그의 사무실에서 얘기하는 중이었다. 그는 울음을 터뜨리기 직전이다.

존은 작은 제조업 회사의 사장이다. 경기가 좋을 때는 직원이 80명 정도 되고 안 좋을 때는 그보다 적다.

"존, 이런 모습은 처음 봅니다. 도대체 무슨 일이에요?" 나는 4주에서 6주마다 한 번씩 존을 만났다. 그의 비즈니스 계획을 짜고 회사의 목표 및 수익성과를 검토하기 위해서다.

존은 회사의 최고재무책임자인 밥(물론 가명이다)이 회사 수표를 자신의 개인 계좌에 몰래 입금해왔다는 사실을 발견했다. 전혀 모르고 있다가 그의 횡령 사실을 알게 된 것이다. 하지만 사라진 10만 달러 말고도 더 큰 문제가 있었다.

그 최고재무책임자는 16년간 회사 임원으로 재직했다고 했다. 게다가 무엇보다도 그는 존이 비밀도 털어놓을 수 있는 절친한 친구였다. "그 친구한테는 내 목숨까지도 맡길 수 있었단 말입니다."

존은 마침내 밥을 대면했고 그를 추궁하기 시작했다고 한다.

"밥, 사라진 돈이 대체 어떻게 된 거지?" 밥은 설득력 없는 장황한 얘기를 늘어놓았다. 그러면서 자신은 완전히 결백하다고 주장했다. 하지만 존은 믿지 않았다.

(멕시코에는 '콘 라스 마노스 엔 라 마사'라는 표현이 있다. '손에 밀가루 반죽을 묻힌 채'라는 뜻이다. 이것은 '현행범으로 붙잡히다'라는 의미이다. 이 경우에 밥은 정말로 손에 밀가루 반죽을 묻힌 사람이었다.)

밥이 말했다. "확실히 말하는데 나는 돈 안 가져갔어. 회사에 어떻게 그런 짓을 하겠어? 또 자네처럼 친한 친구한테 내가 그런 짓을 하겠나?"

밥은 자신의 가족과 회사에서 보낸 시간들에 대해 이야기를 늘어놓았다. 끝도 없이 계속해서 말이다. 그의 솔직한 대답을 끌어내는 것은 공중전화 부스에서 발레 공연을 하는 것만큼이나 어려웠다.

"밥의 보디랭귀지가 다 말해주고 있었어요. 눈동자는 동태 눈깔마냥 탁하고 생기가 없었죠. 손은 굳게 주먹을 쥐고 있었고 다리를 계속 꼬았다 풀었다 했어요. 하지만 절대 인정하지 않았습니다. 사라진 돈에 대해 아무것도 모른다는 겁니다. 그러다가 제가 애매모호한 열린 질문만 던지고 있다는 사실을 퍼뜩 깨달았어요. 그러니 애매모호한 대답이 돌아오는 게 당연했죠. 당장 필요한 건 직접적인 대답이었어요. '그렇다' 아니면 '아니다' 둘 중에 하나 말입니다."

(때로는 닫힌 질문을 던지면 놀라운 발견을 하게 된다. 적절한 시점에 제대로 물을 경우 닫힌 질문은 강력하고 결정적인 효과를 낼 수 있다. 직접적인 대답을 듣고자 할 때 말이다. 어떠한 조건이나 핑계, 얼버무림도 용납되지 않는다.)

존은 말을 이어갔다. "밥, '그렇다' 또는 '아니다'로 대답해줘. 헛소리(실제로는 더 거친 표현을 썼다)는 그만두고. 자네가 돈을 훔쳤어? 맞아, 아니야?"

존은 내게 말했다. "그러고 나서 잠깐 말을 멈췄습니다. 대답을 기다렸어요." (그 순간 무거운 침묵이 내려앉았다. 때로는 침묵이 최고의 대답일 때도 있다.)

"몇 분이 지나갔습니다. 저는 계속 기다렸어요. 한 마디도 하지 않고요. 밥이 결국 무너지더군요. 그리고 털어놓았어요. 제가 계속 애매하고 우유부단한 질문을 했다면 솔직한 대답을 듣지 못했을 겁니다. 엄청난 충격이었어요. 그런 도둑질을 하다니, 너무도 뜻밖이었습니다. 그건 정말 해서는 안 되는 행동이잖아요. 수십 년간의 우정과 신뢰가 무너지는 기분이었습니다.

˙저의 고민은 이것이었습니다. 결국 고백은 받아냈지만, 사실 어떻게 해야 할지 모르겠더군요. 경찰에 신고해야 할까? 24시간을 주고 사임하라고 해야 할까? 당장 해고하고 그의 사무실과 책상 열쇠를 받아낸 뒤 건물 밖으로 쫓아내야 하나?

밥의 개인적인 사정에 대해서도 생각했어요. 자녀가 아직 대학에 다니고 있어요. 아내는 일을 하지 않는 가정주부고요. 해고당하면 그는 파탄에 이를 게 분명했습니다. 그런 생각을 하니 저도 몹시 괴롭더군요."

여기서 잠깐! 더 읽기 전에 당신이라면 어떻게 할지 생각해보라. 밥은 존의 절친한 친구이다. 또 최고의 업무 능력을 갖춘 재무책임자다. 경찰에 신고하고 밥을 회사 건물에서 최대한 멀리 쫓아내야 한다는 생각이 제일 먼저 들 것이다. 당연하다. 이건 심각한 범죄이고, 게다가 그 범죄자는 당신이 철석같이 믿고 신뢰한 사람이었으니까.

이 사건이 어떻게 마무리됐는지는 잠시 후에 얘기해주겠다. 나는 존에게 이렇게 물었다.

"존, 당신이 그 입장이었다면 어떤 대우를 받고 싶을까요?"

이 질문은 상대방으로 하여금 깊이 생각하게 만든다. 모든 분노와 실망을 잠시 접어두고, 그 분노의 대상이었던 사람의 입장에 서서 생각해보게 만든다. 자신이 그 입장이라면 어떤 대접을 받고 싶은지 생각하게 유도하는 훌륭한 질문이다.

다시 내 질문으로 돌아가자. "존, 당신이 그 입장이라면 어떤 대우를 받고 싶을까요?"

"음…… 글쎄요, 그런 식으로는 생각해보질 않아서…… 어려운 질문인데요. 너무 화가 나서 내가 느낀 실망감밖에 생각하지 못했어요.

내가 밥이라면 아마도 용서를 받고 싶겠죠. 기회를 한 번 더 얻고 싶을 거예요. 다시는 절대로 그런 일이 없을 거라고 약속할 거고요. 이 끔찍한 일을 만회할 수 있다면 뭐든 하겠어요."

"그러면 당신도 그런 용서를 한번 고려해보는 게 어때요? 지금의 사건과 감정을 잊기까지는 오랜 시간이 걸릴 수도 있지만, 용서도 하나의 선택 사항으로 고려했으면 좋겠어요. 당신이라면 용서받고 싶을 거라고 하셨잖아요."

3주 후에 나는 존에게 전화를 걸었다. "밥과의 일은 어떻게 됐어요?"

"그 친구를 용서했습니다. 기회를 다시 줬어요. 특별한 순간이었지요. 밥과 부둥켜안고 울었습니다. 그리고 사라진 돈을 다시 채워 넣으라고 확실하게 말했어요. 120일의 시간을 줬습니다. 또 회사 사람들이나 그의 아내, 제 아내한테도 절대 이 일에 대해 말하지 않겠다고 약속했습니다. 이번 사건은 우리 둘 사이에만 일어난 일로 하기로요. 그렇게 하는 게 옳은 일인 것 같아요. 또 제 판단이 옳기를 바라요."

이 모든 일은 꽤 오래전에 일어났다. 그 사건 이후 밥은 전보다 훨씬 더 열심히 일했다고 한다. 하루에 10시간에서 12시간까지 말이다. 전보다 더 진심으로 헌신했다. 그리고 그 이후로 절대로 부정직한 행동은 하지 않았다.

밥은 이제 입사 25주년에 다가가고 있다. 그는 여전히 존의 절친한 친구이며 충성을 다하고 있다. 그는 존이 가장 좋아하고 신뢰하는 비즈니스 대화 상대다.

때로는 인간관계에서 딜레마에 봉착했을 때 상대방과 입장을 바꿔서 생각하면 해결책이 보이기 시작한다.

이 질문은 상당히 강력한 힘을 발휘한다. "만일 입장이 바뀐다면 당신은 어떤 대우를 받고 싶습니까?"

▲ ▲ ▲

딜레마에 빠진 누군가가 당신에게 조언을 구한다면 이렇게 물어보라.
"만일 입장이 바뀐다면 당신은 어떤 대우를 받고 싶습니까?"

▼ ▼ ▼

"만일 입장이 바뀐다면 당신은 어떤 대우를 받고 싶습니까?"
"무엇이든지 남에게 대접을 받고자 하는 대로 너희도 남을 대접하라."
많은 사람들이 즐겨 인용하는 금언이다. 가슴 따뜻해지는 조언이며 이의를 제기하기 힘든 옳은 얘기다. 그런데 머리로 이해하고 고개를 끄덕이기는 쉽지만 실천하기는 어렵다. 사실 이 말대로 실천하며 사는 사람은 많지 않을 것이다.

세계의 주요 종교들에서는 자기희생적인 용서를 가르친다. 신약성서 마태복음에서 베드로는 예수에게 묻는다. "형제가 내게 죄를 범하면 몇 번이나 용서하여주리이까? 일곱 번까지 용서하오리이까?" 그러자 예수가 대답한다. "네게 이르노니 일곱 번뿐 아니라 일흔 번씩 일곱 번이라도 용서하여라." 물론 누군가를 용서하는 것과 그에게 다시 기회를 주는 것은 별개의 문제가 될 수도 있다. 용서는 해도 다시 기회를 주지는 못할 수도 있다는 얘기다. 그래도 어쨌든 위의 질문을 던짐으로써 상대방이 가능성 있는 모든 해결책을 고려하도록 도와라.

언제 사용할까
- 누군가가 인간관계와 관련된 어려운 상황 또는 난처한 딜레마를 만나 당신에게 조언을 구할 때

어떻게 사용할까
- 누군가가 당신에게 잘못을 했거나 상처를 줬을 때 입장을 바꿔 생각해보자는 취지로 이렇게 물을 수 있다. "만일 당신이 나라면 어떻게 하겠습니까?" 이렇게 묻고 나면 상대방이 당신의 결정을 수긍하고 받아들일 확률이 더 높아진다.

이어지는 질문
- "왜 그렇게 하는 것이 옳다고 생각합니까?"

chapter 17

상대의 숨겨진 열정을
알아내는 질문

내가 만난 사람들 중에서 매우 놀라운 인물을 한 명 소개하고자 한다. 그에 대해 많이 요약한 셈이 되겠지만 말이다.

토머스 모너건(Thomas S. Monaghan)은 도미노 피자(Domino's Pizza)의 창업자다. 그는 일반적인 침실의 벽장만 한 방에서 사업을 처음 시작했다. 가장 긴 쪽의 폭이 겨우 4미터인 공간이었다.

그때가 1960년이었다. 회사는 작은 점포에서 출발해 6250개가 넘는 매장과 13만 명의 직원을 둔 세계적 업체로 성장했다. 그는 1998년에 회사를 매각했다.

도미노는 톰과 그의 가족들이 지분을 보유했기 때문에 정확히 얼마에 팔았는지는 공개되지 않았다. 하지만 대략 10억 달러에 매각한 것으로 알려져 있다.

그는 박애주의자로서의 두 번째 삶을 시작하기 위해 도미노를 팔기로 결정했다. 언젠가 그는 내게 말했다. "죽기 전에 제가 가진 걸 전부 나눠 주고 싶습니다." (이미 이 목표는 상당히 이룬 것 같다. 지금까지 약 7~8억 달러를 기부했다고 한다.)

하지만 내가 지금 하려는 이야기는 미국 역사상 가장 빠르게 성장한 피자 체인에 관한 스토리가 아니다. 그 이야기는 다음 기회로 미뤄두자.

나는 이 비범한 남성에 대해 더 이야기하고 싶다. 우리는 그가 즐겨 찾는 레스토랑에서 함께 저녁식사를 했다. (물론 피자는 아니다!)

톰은, 그러니까…… 음식에 대해 꽤 까다로운 편이다. 생선 요리에는 소스를 뿌리지 않고, 녹말을 먹지 않으며, 야채는 버터나 오일 없이 익혀서 먹는다. 톰의 담당 의사는 그가 100세까지 거뜬히 살 것이라고 했단다. 톰과 그의 습관들을 떠올려보면, 충분히 그럴 법하다.

그는 고아원에서 자랐다. 여섯 살 때 그에게 가장 큰 영향을 준 사람은 고아원에서 만난 베라르도 수녀였다. 그녀는 항상 톰에게 이렇게 말했다. "톰, 선을 행하고 모든 일에 최선을 다해야 한다. 반드시 선을 행하고 최선을 다해야 해." 이후로 톰은 이 금언을 가슴에 꼭 새긴 채 살아갔다. 언제나 선을 행하고 최선을 다했다.

톰과 여러 번 만나면서 나는 그를 탐색하기도 하고 질문에 대한 답을 재촉하기도 했다. 그는 내 영웅이다. 그에게 수많은 질문들을 했는데, 그중에서 흥미로운 것 몇 가지만 소개하겠다.

나는 톰이 정장을 입지 않은 모습을 보지 못했다. 재킷 속의 안감은 항상 녹색이었다. 또 대개의 경우 녹색 넥타이를 맸다. (당연한 일이다. 그는 아일랜드 출신이다.) 아침에 일어나면 아마도 정장을 입은 채로 샤워할 것만 같았다. 하루는 그에게 왜 항상 정장을 고집하느냐고 물었다.

톰은 내가 만난 사람들 중에서 자기 규율이 가장 엄격한 사람이다. 그는 자신만의 원칙과 규칙에 따라 산다.

정장 얘기로 돌아가자면, 그는 옷을 똑바로 갖춰 입으면 생각도 똑바로 할 수 있다고 믿는다. 뿐만 아니라 행동 역시 똑바로 하게 되며 더 현명한 결정을 내릴 수 있단다. 그는 여기에 과학적 근거도 있다고 말한다. 한때 그는 수백 명의 고위급 직원들에게 복장 규정을 지키게 했다. 그들은 매일 정장을 입어야 했다. (녹색 안감은 없어도 됐다.) 스포츠 재킷이나 블레이저는 허용되지 않았다. 또 여성 임원들을 위한 복장 규정도 있었다.

톰의 비즈니스 인생과 자선 인생은 다양한 부침을 경험했다. "톰, 당신을 만난 이후로 당신이 스트레스 받는 모습을 한 번도 본 적이 없어요. 그 어떤 문제나 힘든 과제가 닥쳤을 때도 말입니다. 어떻게 그럴 수 있죠?"

"제가 스트레스를 느끼는 유일한 순간은, 소파에 느긋하게 누워 있는데 정원의 풀이 무성하게 자라서 손질을 해줘야 한다는 사실을 깨달을 때입니다. 저의 균형 잡힌 마음가짐은 다 기도와 운동 덕분입니다."

톰에 대해 더 알고 싶은가? 그에 대한 책이라도 한 권 써야 할까 보다!

하지만 우선은 내가 그를 만난 날 던진 질문에 대해 얘기해주겠다. 그의 대답은 상상을 초월했다. 전혀 뜻밖이었다. 실로 놀라운 대답이었다.

나는 사람들에게 종종 묻는 질문을 그에게도 물었다. "지금껏 살아오면서 성취한 일 중에 가장 훌륭한 것은 무엇입니까?" 이 질문은 상대의 마음을 열고 영혼을 이끌어내는 탁월한 질문이다. 이 질문은 기억의 감옥을 연다.

당신이 결코 추측할 수 없을 대답을 들을 준비가 됐는가?

"톰, 지금껏 살아오면서 성취한 일 중에 가장 훌륭한 것은 무엇입니까?"

나는 그가 세계 최대의 피자 체인을 일군 이야기를 할 것이라고 생각했다. 하지만 아니었다.

아니면 훌륭한 가톨릭 교육기관인 아베마리아 대학(Ave Maria University)을 세우고 자금을 제공한 이야기를 꺼낼 줄 알았다. 아베마리아 법과대학원(Ave Maria School of Law) 이야기도 말이다. 하지만 아니었다.

아니면 디트로이트 타이거스를 인수한 후 이 야구팀이 월드시리즈에서 우승한 일일까? 이것은 정말 특별한 성취임에 틀림없다. 하지만 그것도 아니었다.

아니면 레가투스(Legatus: '대사大使'라는 뜻의 라틴어)를 구상하고 그 설립에 기여한 것일지도 모른다. 레가투스는 영향력 있는 기업 리더와 CEO들로 구성된 세계적 규모의 가톨릭 단체다. 이 단체는 가톨릭 신앙을 공부하고 실천하며 보급하기 위해 노력한다. 이것 하나만으로도 명예의 전당에 그의 이름을 올릴 만하다. 하지만 이것도 역시 아니었다.

당신은 틀림없이 놀랄 것이다. 톰을 잘 알고 있다고 생각한 나도 놀랐으니까. 대답을 들을 준비가 됐는가?

"톰, 지금껏 살아오면서 성취한 일 중에 가장 훌륭한 것은 무엇입니까?"

"해병대에 지원해서 합격한 일입니다. 그게 저의 가장 큰 성취였습니다."

"네?! 아니, 그 많은 성취들 중에서 고작 해병대에 입대한 것이란 말입니까?"

"그렇습니다. 저는 해병대에서 인격과 규율, 가치를 배웠습니다. 해병대는 제 인생을 바꿨어요." 우리는 30분간 그의 삶을 바꿔놓은 해병대 경험에 대해 이야기를 나눴다.

미 해병대의 표어는 '셈페르 피델리스(Semper Fidelis)'이다. '언제나 충성'이라는 뜻이다. 해병대에 소속된 모든 이들의 가슴속에는 이 표어가 새겨져 있는 듯하다. 그들은 평생 동안 해병대와 조국에 대한 헌신과 충성, 전우애를 가슴에 품고 살아간다.

이 질문을 하고 난 후 전혀 뜻밖의 대답을 듣더라도 너무 놀라지 마라. 상대방의 여과되지 않은 솔직한 가슴속 얘기를 듣게 될 것이다. 내 말을 믿어도 좋다.

참, 이번 장의 주제와 큰 관련은 없지만 재미있는 여담을 소개하겠다. 도미노 피자의 로고를 볼 때마다 당신도 나와 똑같은 의문을 가졌을지 모른다. 왜 로고의 한쪽 사각형에는 점이 두 개이고 다른 쪽 사각형에는 점이 하나일까? 톰은 매장이 세 개뿐이었을 때 로고 디자인을 의뢰했다고 했다. 세 개의 점은 당시의 매장 세 개를 상징한다. 하지만 이후 엄청난 기업으로 성장한 이후에도 이 로고를 계속 사용했다.

▲ ▲ ▲

상대방의 내면을 이해하고 그에게 가장 중요한 것이 무엇이었는지 알고 싶다면 이렇게 물어라. **"지금껏 살아오면서 성취한 일 중에 가장 훌륭한 것은 무엇입니까?"**

▼ ▼ ▼

"지금껏 살아오면서 성취한 일 중에 가장 훌륭한 것은 무엇입니까?"

이 질문에는 여러 가지 수준이 있다. 이 질문은 깊고 다층적인 대화를 만들어내는 잠재력을 갖고 있다. 또 추가적인 질문들도 뒤따른다. 가장 훌륭한 성취를 단 하나만 꼽는 것이 가능할까? 직업적 성취를 의미하는 것인가, 아니면 개인적 삶이나 가족 등과 관련된 다른 성취를 의미하는 것인가? 성취라는 것의 정의가 무엇인가? 이것은 깊은 생각과 대화를 유발하는 강력한 질문이다.

설령 상대방이 단 하나의 경험을 선택하기 어려워한다 해도 당신은 상대방에 대해 많은 것을 배울 수 있을 것이다. (참고로, 당신도 상대방에게 이 질문을 받을 수 있으니 미리 대답을 준비해놓는 게 좋다.)

어떻게 사용할까

- "개인적으로 가장 만족스러운 성취는 무엇입니까?"
- "지금까지 이룬 것 중에 가장 자랑스러운 일은 무엇입니까?"
- "당신이 이룬 일들 가운데 다른 사람들이 가장 오래 기억할 것 같은 일은 무엇입니까? 왜 그렇습니까?"

이어지는 질문

- "그것에 대해 좀 더 얘기해주세요. 왜 그것을 꼽으셨습니까?"

chapter
18

아주 특별한
저녁 시간을 여는
질문

멋진 친구 로비 웨인버그(Robie Wayneberg)가 나를 저녁식사에 초대했다. 매우 특별한 자리였다.

그는 가족들과 유월절을 축하하는 자리에 함께해달라고 나를 초대했다. 유월절 만찬은 유대인의 이집트 탈출을 기념하는 매우 의미 깊은 축제의 시간이다. 유대교 기념일 중 가장 유명하며 가장 널리 기념되는 날이기도 하다.

유월절은 신앙에 대한 깊고도 영적인 유대감을 향유하는 날이다. 예수는 십자가에 못 박히기 전 마지막으로 제자들과 모여 유월절 만찬을 함께 했다고 한다. '최후의 만찬'이라고 알려진 것이 바로 그날의 식사였다.

로비의 가족들이 식탁에 모여 앉았다. 그들은 내게 야물커(yarmulke: 유대인 남자들이 정수리 부분에 쓰는 작고 납작한 모자 — 옮긴이)를 쓰라고 건네주었다. 이날만큼은 나도 그들 가족의 일원이 되었다.

매우 감동적인 저녁이었다. 그들은 기념일 의식을 시작했다. 이스트를 넣지 않고 구운 빵인 무교병, 쓸쓸한 허브, 달걀, 소금물, 그리고 구운 양고기와 포도주가 식탁에 올랐다.

그날 나는 여태 들어본 것 중에 가장 크게 영혼을 자극한 질문을 하나 받았다. 잠시 동안 당신이 내가 되었다고 상상해보라. 그날 저녁의 풍경과 로비의 가족들, 유월절 의식, 유대인의 이집트 탈출 이야기를······. 내가 받은 질문은 이것이었다.

"당신에게 오늘 저녁이 다른 때와 달리 특별한 저녁이라면 그 이유는 무엇인가요?"

어떤 면에서 이것은 내가 그동안 사람들에게 물어온 것과 비슷한 종류의 질문이었다. 아주 오래전에 나는 매일 저녁 아이들을 침대에 재우면서 이렇게 물어보곤 했다. "오늘 다른 날보다 훨씬 특별한 일은 어떤 게 있었니? 오늘 네가 경험한 멋진 일은 뭐니?"

이 질문을 받으면 하루 동안 있었던 모든 부정적이고 속상한 일은 아이들의 마음 저 바깥으로 밀려났다. 무시당한 일, 놀이터에서 넘어진 일, 어려운 곱셈 연습, 팀에 선발되지 못한 일, 수업 중에 껌을 씹다가 선생님한테 걸린 일 등등······ 이 모든 사건은 기억에서 사라진다.

대신 아이들은 특별했던 순간을 떠올렸다. 서생님의 질문에 정답을 말한 일, 쉬는 시간이 10분 늘어난 일, 방과 후에 가장 친한 친구와 함께 시간을 보낸 일 등등.

이는 멋진 질문이 아닐 수 없다. "오늘 다른 날보다 더욱 특별한 일은 무엇이었니?" 그 꼬마들은 이제 가정을 꾸린 성인이 되었다. 그들은 자기 아이들에게도 내가 했던 것과 똑같은 질문을 하고 있다.

나는 지금도 누군가와 개인적으로 대화를 하거나 여러 명을 단체로 만날 때면 종종 그 질문을 던진다. 때로는 직장에서의 승진이나 고객 유치 성공이었다는 대답이 돌아온다. 어떤 이들은 큰 기쁨을 가져다준 아주 작고 사소한 일을 언급한다. 환하게 웃는 아이의 얼굴, 눈부시게 빛나던 노을, 혹은 배우자와의 친밀한 대화 같은 것들 말이다.

마법과 같은 질문이다. 밤하늘의 별들을 오랫동안 바라보면 그 아름다움이 더욱 커지고 또 새로운 별을 발견할 수 있는 것과 다르지 않다.

이 질문은 상대방을 잠시 멈춰 서게 만든다. 로버트 프로스트가 말한 '발견의 문턱'에 도달하는 순간이 찾아온다. 바퀴가 구르기 시작한다. 그리고 기쁨과 미소가 이어진다.

당신도 시도해보라. 저녁식사 시간에 이 질문을 던져보라. 다행히 아직 어린 자녀들과 함께 살고 있다면 아이들을 침대에 누이며 이 질문을 해보라. 친구들에게 물어보라. 꾸밈없는 영혼이 드러나면서 커다란 행복과 환희로 빛나는 순간을 발견하게 될 것이다.

답을 바꾸는 질문이 생각의 범위를 넓히고 반응을 이끌어내는 질문이라고 한다면, 이 질문이야말로 자극과 활력으로 가득 찬 질문이라고 하겠다. 신비로운 마법의 질문인 것이다.

시인 딜런 토머스(Dylan Thomas)는 삶의 손길이 전하는 감촉과 그것이 가슴에 뚜렷이 아로새겨지는 경험을 노래했다. 이 질문이 주는 선물이 바로 그것이다! "오늘이 다른 날보다 훨씬 특별했던 이유는 무엇입니까?"

▲ ▲ ▲

상대방이 가장 소중했던 순간을 고백하도록 이끌라. 그들이 경험한 시간을 음미하고 만끽할 수 있도록 이렇게 물어라. **"오늘이 다른 날보다 훨씬 특별했던 이유는 무엇입니까?"**

▼ ▼ ▼

질문 사용법

"오늘이 다른 날보다 훨씬 특별했던 이유는 무엇입니까?"

저녁식사를 하면서, 친구들과 늦은 오후를 즐기면서, 혹은 가족들과 하루를 마무리하며 물을 수 있는 특별한 질문이다. 돌아오는 대답은 대부분 긍정적인 내용이다. 사람들은 그날 일어난 모든 즐거운 일을 떠올리려고 애쓴다. 이것이 특별한 의미를 갖는 이유는, 한 사람에게서 흘러넘치는 즐거운 기운이 곧 다른 사람들에게도 전염되기 때문이다.

만약 부정적인 일만 있었던 하루라면(이런 경우는 흔하지 않다), 먹구름이나 폭풍우 없이는 무지개도 볼 수 없다는 사실을 떠올려라. 내일은 더 멋진 날이 될 것이다. 어느 쪽이든, 이 질문은 흥미로운 이야기보따리가 열리는 대화로 이어진다.

언제 사용할까
- 하루가 끝날 무렵 누구와 함께든 이야기를 나눌 때!
- 누군가 여행이나 모험, 외출에서 돌아왔을 때

어떻게 사용할까
- "오늘 하루가 어땠는지 이야기해주지 않겠어요?"
- "오늘 당신을 미소 짓게 만든 일이 있었나요? 인상을 찌푸리게 만든 사건은 무엇이었나요?"

이어지는 질문
- "당신이 그 일을 특별히 중요하게 생각하는 이유는 무엇입니까?"

chapter
19

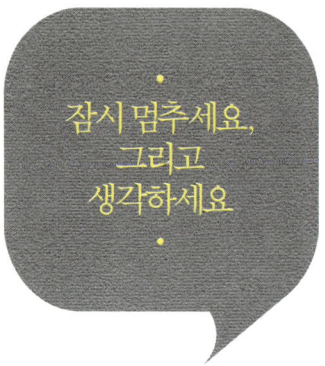

잠시 멈추세요,
그리고
생각하세요

그는 인생의 모든 행복을 다 가진 사나이였다.

코네티컷 주에서 가장 부유한 지역에 화려한 집을 갖고 있고, 사랑하는 가족이 있었으며, 상상하기 힘든 수준의 높은 연봉을 받고 있었다. 최근에는 최고위직으로 승진도 했다.

그가 무슨 일을 하는 사람인지 궁금할 것이다. 그는 세계적인 규모와 수준을 자랑하는 회계법인 KPMG의 CEO이자 이사회 회장이었다. 그것은 많은 희생을 감수하고 획득한 지위였다. 끝없는 근무 시간과 잦은 출장, 소홀한 가족관계, 핵심적 지위를 차지하기 위한 치열한 경쟁이 그의 삶의 구성 요소들이었다.

그의 이름은 유진 오켈리(Eugene O'Kelly). 그는 세상 가장 높은 곳에 앉아 있었다.

그러다 그는 예상치 못한 운명과 조우했다. 6개월에 한 번씩 받는 건강검진 때 그는 반복해서 나타나던 증상에 대해 의사에게 호소했고, 의료진은 정밀 검사를 진행했다. 그러고도 또 다른 일련의 검사들을 추가했다.

결과는 의심할 여지가 없었다. 좋은 소식이 아니었다. 비극이었다. 유진 오켈리는 수술이 불가능한 뇌종양을 앓고 있다는 진단을 받았다. 그에게 남은 시간은 길어야 90일이었다. 이런 순간이 닥칠 때, 우리는 인생이란 너무나 빨리 흘러가기 때문에 이따금씩 멈춰서서 주변을 돌아보지 않으면 삶의 소중한 것들을 놓쳐버리고 만다는 사실을 깨닫게 된다.

그가 느꼈을 갑작스런 절망을 우리는 알 길이 없다. 그 소식을 아내에게 어떻게 전했을지, 이어지는 병의 경과를 어떻게 받아들였을지, 한밤중에 엄습했을 엄청난 두려움은 또 어떠했을지 우리는 모른다. 이런 일이 닥쳤을 때 인간의 삶은 그가 가진 용기의 크기에 따라 움츠러들 수도, 또는 확장될 수도 있다.

우리가 확실히 아는 사실은 오켈리가 의욕이 넘치는 현실주의자였다는 것이다. 시한부 선고를 받고 얼마 지나지 않아 그는 분명 90일이라는 여생을 후회로 흘려보내기엔 너무 아깝다고 느꼈을 것이다. 사업상의 경험을 통해 그는 성공한 사람들은 재빨리 판단을 내리고

'제2안'으로 갈아타는 일에 능숙하다는 사실을 알고 있었다.

그는 자신에게 남은 90일의 삶을 일기에 담기로 했다. (실제로는 그보다 60일을 더 살았다.)

자, 이제 필기구를 준비하시라.

그가 쓴 책《인생이 내게 준 선물(Chasing Daylight)》을 읽어보길 강력히 추천한다. 이 책은 내게 잊을 수 없는 감동을 안겨주었다. 장담하건대, 당신도 마찬가지일 것이다.

책을 읽고 나서 나는 사물을 볼 때 마치 그것을 처음 보는 듯, 하지만 또한 마치 마지막인 듯 바라봐야 한다는 사실을 깨달았다. 이 순간이 지나면 다시는 볼 수 없을 것처럼 바라봐야 한다는 점도. 모든 것을 마음에 담아 영원히 기억해야 한다. 모든 순간을 간직해야만 한다.

나는 워크숍과 세미나, 컨퍼런스에서 수시로 강연을 한다. 내가 강연으로 보내는 시간은 1년에 60여 일에 달한다. 어떤 해에는 더 많은 강연을 한다.

그의 책에서 큰 감화를 받은 후, 나는 강연을 할 때마다 늘 서두에 이런 질문을 던지기 시작했다. 당신이 살아갈 날이 90일밖에 남아 있지 않다면 무엇을 할 것인가? 누구를 만나러 가겠는가? 어떤 잘못을 바로잡을 것인가? 사랑한다고 말해주고픈 친구는 누구인가? 인생의 마지막 순간을 맞고 싶은 장소는 어디인가? 가족과 함께하는 마지막 날들을 어떻게 보낼 것인가?

내 의도를 눈치챘을 것이다. 나는 강연을 들으러 온 사람들에게 인생이란 매우 덧없는 것이라는 사실을 일깨우고 싶었다. 우리는 태어나는 날부터 죽음을 향해 걸어간다. 나는 그들에게 최대한 충실한 삶을 살라고 깨우쳐주었다. 기쁨과 성취감, 보람으로 넘치는 인생을 살라고 말이다. 또 영원히 살 것처럼 일하고 내일 당장 죽을 것처럼 살아가라고 일러주었다.

청중에게 위와 같은 질문을 던지기 시작한 지 한두 해가 지났을 무렵, 나는 사실상 더욱 중요한 질문이 있다는 것을 깨달았다. "살아갈 시간이 3년밖에 남지 않았다면 무엇을 할 것인가?" 이 질문이 더 중요한 이유는 생각을 더 강하게 자극하기 때문이다. 이는 당신의 사고를 실로 넓은 범위까지 확장한다.

90일이라는 시간은 당신에게 인생의 모든 부분들을 재빨리 그러모아 깔끔하게 박스에 담은 뒤 끈으로 묶어 마무리할 기회를 제공한다. 그러나 시간의 틀을 3년으로 늘리면, 이제는 매우 다른 문제가 된다. 3년을 내다보면 훨씬 더 많은 생각을 하고 훨씬 더 많은 계획을 세우게 된다. 그저 주변의 이런저런 일을 정리하는 것 이상을 할 수 있는 시간이 주어진다. 당신은 세상이 변하지 않는다는 사실, 당신 자신이 세상을 바라보는 방식을 바꿔야 한다는 사실을 깨닫는다.

당신은 삶이 필연적으로 앞으로 나아간다는 사실을 다시금 진지하게 인식한다. 하지만 거기에는 정지 신호가 있는 법이다. 때가 되면 마지막에 다다른다.

시간의 틀을 3년으로 바꾼 것은 아무리 생각해도 잘한 일 같았다. 그러다 나는 강연에 약간의 변화를 주어야겠다고 생각했다. 지금은 모든 강연에서 그 방식을 적용하고 있다.

나는 우선 모든 참석자에게 빈 봉투를 나눠 준다. 왼쪽 귀퉁이에는 우편물 반송용 주소를 쓰라고 한다. 그다음, 받는 사람 칸에 그들 자신의 주소를 쓰라고 한다. 그리고 말한다. "'개인 기밀문서'라고 표기하세요." 우표를 붙이는 오른쪽 귀퉁이에는 날짜를 적게 한다.

이제 그들에게 즉석에서 이야기 한 편을 써내려가라고 한다. 매우 특별한 이야기를.

"문장 구조나 철자법 따위는 신경 쓰지 마십시오. 학교 다닐 때 문법시간에 선생님에게 배운 것은 모두 잊으세요. 그저 자유롭게 흘러가듯이 써내려가십시오.

여러분의 마음이 깨끗한 백지라고 생각하고 머릿속을 비우세요. 자, 준비되셨습니까?

여러분은 3년의 시한부 인생을 선고받았습니다. 오늘부터 3년만 살 수 있다는 얘기입니다. 개인적으로 그리고 직업적으로, 삶을 변화시키기 위해 무엇을 하겠습니까? 어떤 걸 성취하고 싶습니까? 여러분의 인생에서 좀 더 가까운 관계로 발전시키고 싶은 사람들은 누구입니까?"

나는 그들에게 친구란 당신의 영혼의 노래를 알고 있으며 당신이 가사를 잊었을 때 그 노래를 불러주는 사람이라고 말한다. 그리고 묻는다. 당신에게는 누가 그런 친구입니까? 어째서 그들을 더 자주 만나지 않습니까? 당신의 남은 생을 어떻게 변화시킬 작정입니까?

나는 그들이 자신만의 이야기를 마무리하도록 15분을 준다. 그 정도 시간이면 충분하다. 내가 원하는 것은 꾸밈없이 솔직한 글, '온전한 진심'을 담은 글이다.

나는 완성한 글을 아까 주소를 적어놓은 봉투에 넣고 밀봉하라고 말한다. 그리고 그것을 한데 모아 내 사무실로 가져온다. 내가 관련 일정을 메모해두면, 사무실 직원이 3년 뒤에 이것들을 봉투에 적힌 주소로 발송한다.

지금까지 6년 동안 이렇게 해왔다. 결과는 놀라웠다. 나는 이 봉투를 수신한 사람들로부터 매달 십여 통이 넘는 전화를 받는다.

그들은 처음 봉투를 받아 들곤 매우 익숙한 글씨체라고 느꼈지만 자신이 그 주소를 적었다는 사실은 금방 기억해내지 못했다고 말한다. (3년은 긴 시간이다.) 그리고 봉투를 열어 자신이 지난 3년에 대해 계획했던 내용을 확인한다. 바로 그 순간, 수화기를 들어 나에게 전화를 거는 것이다.

몇몇은 자신이 작성한 계획을 거의 비슷하게 이뤘다고 자랑스럽게 말한다. 다수는 3년이 지나서도 삶이 계속되고 있다는 사실이 축복이라고 고백한다. 멋진 찬사가 넘쳤다. 나는 그 모든 반응을 적어두었다. (언젠가는 책으로 펴낼 생각이다!)

사회과학자들은 우리가 무언가를 공식적으로 약속하면 실제로 그것을 실현할 가능성이 매우 높아진다고 말한다. 그리고 그 내용을 글로 작성하면 마음에 지워지지 않는 기록을 남기는 것과 같다.

소원을 빌 때는 반드시 심사숙고해야 한다. 그것이 실현될 가능성이 매우 높을 수도 있으니 말이다.

이는 수없이 다양한 상황에 적용할 수 있는 질문이다. 나는 고객이나 친구, 가족과의 대화에서 자주 이렇게 물었다. "당신에게 살아갈 시간이 3년밖에 남지 않았음을 알게 된다면, 개인적으로 그리고 직업적으로 무엇을 이루고 싶습니까?"

이 질문은 당신을 경이로운 여행길로 안내한다. 이정표는 모두 소용없다. 의지하고 따라갈 지도 따위도 없다.

이 질문 앞에서는 인생에서 중요한 것들의 우선순위를 어떻게 재편성할지 고민하지 않을 수 없다. 이 질문은 '적당한 순간이 올 때까지' 기다리고만 있어서는 안 된다는 사실을 사람들에게 일깨운다. 세상에 적당한 순간이란 존재하지 않는다.

이 질문을 받는 순간 사람들의 감정에는 불꽃이 일어난다. 인생의 도화지는 어느 쪽에도 치우치지 않은 흰색이지만, 다채로운 사연들이 도화지를 채우고 찬란하게 빛을 발하기 위해 기다리고 있다.

▲ ▲ ▲

상대방에게 인생의 우선순위를 진지하게 생각해볼 기회를 제공해보자. 그리고 여생을 어떻게 보내고 싶은지 질문해보자. "당신에게 살아갈 시간이 3년밖에 남지 않았다면, 개인적으로 그리고 직업적으로 무엇을 이루고 싶습니까?"

▼ ▼ ▼

**질 문
사용법**

"당신에게 살아갈 시간이 3년밖에 남지 않았다면, 개인적으로 그리고 직업적으로 무엇을 이루고 싶습니까?"

'카르페 디엠(Carpe diem)'은 진부하게 느껴질 만큼 우리가 흔히 듣는 표현이다. 라틴어 학자들은 이 문장을 '현재를 즐겨라' 정도의 뜻이라고 말한다.

진부하든 아니든 상관없이, 이 문장은 우리를 움직이고 재촉하는 명령문과도 같다. 인생의 모든 순간을 놓치지 말고 껴안으라고 말한다. 우리가 늘 불러야 할 찬가와도 같다. 이 문장은 우리 앞에 다가온 기회를 붙잡으라고 종용한다. 전투라도 불사할 용기를 갖고 말이다.

우리는 하루하루를 치열하게 살고 순간을 즐겨야 한다. 인생의 모든 좋은 것과 인생이 가져다주는 모든 결과물을 마지막 한 방울까지 음미해야 한다. 우리의 목표는 가능한 한 천천히, 젊은 영혼을 지닌 채 죽는 것이다.

따라서 이 질문은 막강한 힘을 가진다. 살아갈 날이 3년밖에 남지 않았다는 사실을 알게 된다면 여생을 어떻게 보낼 것인가? 이는 그 어떤 질문도 이끌어내지 못했던 예상 밖의 대답을 끄집어낼 것이다. 카르페 디엠. 결국엔 이 말에 모든 답이 담겨 있다.

언제 사용할까
- 친구, 가족, 직장 동료 등등 누구든 함께 대화를 나눌 때
- 타인의 생각을 뒤흔들어 반복되는 일상으로부터 끌어내고자 할 때

어떻게 사용할까
- "당신 삶에서 가장 중요한 것이 무엇입니까? 그것에 충분한 시간을 할애하고 있습니까?"

이어지는 질문
- "바로 지금 그 중요한 일을 하지 못하는 이유는 무엇입니까?"

PART 3

사람을 키우는 질문은 어떻게 하는가

chapter
20

 나는 직무 기술서를 다시 읽었다. 맙소사, 이런 건 대체 어떻게 생각해내는 거지?
 내가 앉아 있는 곳은 맨해튼 고층 빌딩의 사무실에 있는 널찍한 회의용 테이블 앞이다. 나는 참석자들을 다시 불러 모았다. 방 안에는 세상에서 가장 노련한 금융 전문가 18명도 함께 앉아 있다. 이들은 강력한 글로벌 금융기관의 고위 임원들이다.
 이들은 엄청난 규모의 신용대출 계약을 추진하거나 혁신적인 인수를 위한 자금을 확보할 권한을 가지고 있다. 또 수초 만에 수십억 달러를 세계 각지로 송금하기도 한다. 이 엘리트 그룹의 성과가 이 은행의 수입과 이윤, 주가를 좌우한다 해도 과언이 아니다.

하지만 이들은 좌절한 상태다. 조직 내부의 관료주의가 그들을 가로막는다. 훨씬 더 큰 투자 수익을 원하는 주주들도 그들을 압박한다. 평가 시스템이 그들의 일거수일투족을 모니터하고, 온갖 종류의 측정 기준은 고객 관계에 장기적으로 투자하는 것을 어렵게 만든다.

나는 그들이 자신의 역할을 재정의하고 상품이 아니라 고객을 중심으로 삼는 접근법을 개발하도록 돕기 위해 그 자리에 참석했다. 이 전문가들은 고객이 중심이 되는 새로운 시대를 열 개척자들이다.

깔끔한 파워포인트 슬라이드에 그들의 사명이 띄워져 있었다. 제목 줄에 '우리의 사명'이라고 적혀 있다. 슬라이드는 멋진 용어들로 가득하다. '극대화', '조율', '시너지화', '수익성 높은', '다각적인' 등등. 하지만 그들이 정의한 사명은 아무리 봐도 고객 중심적이지가 않다. 뭐랄까, 고객의 중요성은 추수감사절에 칠면조가 갖는 중요성 정도랄까? 거기에 적힌 내용을 쉬운 말로 풀어 쓰면 이 정도쯤 된다.

"우리의 사명은 은행의 상품을 주요 고객들에게 가능한 한 많이 판매하는 것이다."

감동적이지도 않고, 차별성도 없다.

이 사명은 고객 이익을 늘 우선시하는 신뢰 받는 조언가가 되고자 하는 이들 최고 금융전문가의 진정한 열정에 부합하지 않았다.

나는 그들에게 말했다. "'어떻게'라는 질문을 던지면 늘 바쁘게 움직이게 됩니다. 좋은 관리자가 될 수 있지요. 하지만 '왜'라는 질문을 던지면 그 수준을 뛰어넘게 됩니다. 단순한 관리자가 아니라 사람들을 이끄는 리더가 될 수 있다는 얘깁니다."

나는 임원들에게 물었다. "그럼 시작할까요?" 그들이 고개를 끄덕였다.

"자, 여러분의 사명과 역할에 대해 얘기해봅시다. 여러분께 이렇게 묻겠습니다. 지금 하는 일을 왜 하고 있습니까?"

나는 기다렸다. 질문을 반복하거나 그 뜻을 설명하지도 않았다. 무슨 뜻인지 충분히 이해했으리라고 믿었다.

방 안에 침묵이 흘렀다. 그리고 잠시 후 몇 명이 조금씩 고개를 끄덕이기 시작했다. 어떤 이들은 알겠다는 듯이 가만히 미소를 지었다.

"좋은 질문이군요." 한 명이 말했다.

나는 방 안을 둘러보았다. 하나둘씩 말문이 터지기 시작했다. 그들은 자신의 역할이 얼마나 중요한지에 관해 열정적으로 이야기하기 시작했다. 고객이 비즈니스를 성장시키고 경력을 발전시키도록 돕는 일이 얼마나 즐거운지에 대해서 이야기하며 이렇게 각자 의견을 표현했다.

"제가 이 일을 하는 이유는 고객에게 큰 도움을 줄 수 있기 때문입니다."

"고객의 인생에 긍정적인 영향을 끼치는 것이 즐겁습니다."

"이 일이 은행에서 가장 값진 일입니다. 가장 어렵기도 하지만, 가장 보람찬 최고의 일이기도 합니다."

"항공모함 갑판 위에서 저 밀리 수평선을 내다보며 고객을 도울 기회가 있는지 탐색하는 기분입니다."

"고객을 위해 종합적인 시각을 제공합니다."

"저는 고객과의 관계를 궁극적으로 책임지는 역할을 합니다. 모든 게 저한테 달려 있지요."

"고객과 맺는 깊고 친밀한 관계가 좋습니다."

나는 활짝 웃었다. 회의실은 자신이 일하는 '이유'를 설명하는 임원들의 열정으로 가득해졌다. 그들의 에너지가 뜨겁게 느껴졌다. 이제 그들은 글로벌 조직의 관료주의적 장애물을 극복할 수 있으리라. 문득 니체가 한 말이 떠올랐다. "'왜' 살아야 하는지 이유를 아는 사람은 어떤 어려움도 견뎌낼 수 있다."

20분 후 우리는 그들의 새로운 사명 선언문을 작성하기 위한 핵심 요소들을 결정했다. 상품을 더 많이 팔거나 '최고의 수익'을 창출하기 위한 사명이 아니었다. 고객들이 자신의 가장 중요한 목표를 성취하도록 돕고, 고객이 속한 조직만의 독특한 장점을 활용하는 것에 초점을 맞춘 사명이었다. 새로 만든 사명 선언문은 동기를 부여하는 힘과 차별성을 지녔다.

회의실 분위기는 완전히 바뀌었다. 내부 미팅과 끝없는 보고서들이 가하던 압박은 저만치 밀려났고, 그 자리에 진정한 일에 대한 흥분과 열정이 들어섰다.

▲ ▲ ▲

조직의 역할을 정의하거나, 목적의식과 자긍심을 회복하거나, 사람들을 움직이게 만드는 힘이 무엇인지 알아내려고 할 때 이렇게 물어라.
"지금 하는 일을 왜 하고 있습니까?"

▼ ▼ ▼

질 문
사용법

"지금 하는 일을 왜 하고 있습니까?"
우리가 어떤 일을 하는 데에는 여러 가지 이유가 있다. 하지만 그 이유 끝에 '해야 한다'는 말이 붙는 순간, 모든 의욕과 흥분은 저 멀리 날아가버린다. 진정한 열정과 '해야 한다'는 말은 서로 어울리지 않는다. '해야 한다'는 의무감으로 마음이 설레는 사람이 어디 있겠는가?
하지만 사람들이 일을 하거나 어떤 행동을 하는 진정한 '이유'를 끄집어내면 열정과 에너지, 의욕을 샘솟게 만들 수 있다.

언제 사용할까
◆ 사람들에게 동기를 부여하고 그들을 움직이는 게 무엇인지 이해하고 싶을 때

◆ 일에 대한 사람들의 열정을 되살리고 싶을 때

어떻게 사용할까
◆ "당신의 직장에서(또는 당신이 하는 일 중에서) 가장 즐거운 부분은 무엇입니까? 왜 그렇습니까?"
◆ "당신의 직업과 관련해 어떤 측면에 가장 열정을 갖고 있습니까? 개인적 생활에서는요? 왜 그렇죠?"

이어지는 질문
◆ "그것에 대해 특별히 열정을 갖는 이유가 뭔가요?"
◆ "당신의 만족을 방해하는 것은 무엇입니까?"
◆ "그 일에서 훨씬 더 많은 보람을 느끼려면 어떻게 해야 할까요?"

chapter
21

스티브 잡스의
가혹한 질문

애플 컴퓨터가 매킨토시를 출시하기 직전인 1983년 말. 손으로 움직이는 마우스와 그래픽 유저 인터페이스 등 매킨토시의 혁신적인 기능들이 향후 수십 년간 퍼스널 컴퓨터의 세계를 좌우하게 될 날을 앞두고 있었다.

그 당시로 돌아가보자.

스티브 잡스(Steve Jobs)는 새롭고 혁신적인 제품을 소개할 때면 언론의 화려한 집중을 받기를 좋아했다. 또 극적인 분위기를 연출하는 잡스의 감각을 따라갈 자가 없었다. 신제품이 나올 때면 새로운 시대를 알리는 나팔과 북소리가 울려 퍼지는 듯했다.

1984년 제18회 슈퍼볼을 떠올려보자. 경기를 뛴 선수들을 기억할 사람은 별로 없을 것이다. 점수를 기억하는 사람은 더더욱 없을 것이다.

하지만 슈퍼볼을 본 사람이라면 결코 잊지 못했을 것이 있으니, 바로 애플 광고다. 광고에서는 운동복을 입은 여자가 넋 나간 사람들이 가득 앉아 있는 공간으로 뛰어 들어온다. 여자는 무언가를 말하고 있는 독재자의 얼굴이 비친 거대한 스크린을 향해 쇠망치를 힘껏 던진다. 지금으로부터 거의 30년 전의 광고다. 이 광고는 여러 상을 수상했을 뿐만 아니라 아직도 많은 사람의 입에 오르내리는 일종의 컬트가 되었다.

매킨토시와 해당 광고가 세상에 선보이기 전 수개월 동안 애플 직원들은 무서운 속도로 일에 매달렸다. 밤샘 근무가 일상이고 책상 앞에서 점심을 먹기 일쑤였다. 스티브 잡스는 눈을 날카롭게 뜨고 복도를 돌아다녔다.

"더 낫게 만들어. 그보다 더 낫게!" 잡스는 제품 개발자들을 끊임없이 몰아붙였다.

잡스는 애플 제품이 뛰어나야 한다고 항상 강조했다. 최고경영자로서 애플을 이끄는 동안, '혼을 빼놓을 만큼 뛰어난' 제품을 만들겠다는 그의 열정은 꺼질 줄 모르는 강력한 힘이었다. 놀랍게도 그는 한 개가 아니라 다섯 개의 산업에 변혁을 몰고 왔다. 데스크톱 컴퓨팅, 음악, 휴대전화, 소매업, 애니메이션(픽사를 통해)이 그것이다.

어느 날 잡스는 매킨토시 팀의 수석 엔지니어의 자리를 찾아가서 말했다. "부팅 한번 해봐." 책상 위에는 머지않아 혁신을 일으키게 될 새로운 데스크톱 컴퓨터의 시험 모델이 놓여 있었다.

부팅하는 데 몇 분이 걸렸다. 메모리를 시험하고 운영체제를 초기화하는 등 여러 작업이 필요했기 때문이다.

"부팅 시간을 반드시 더 줄여야 해." 잡스는 이렇게 말하고 자리를 떠났다.

엔지니어는 컴퓨터의 효율성을 향상시키기 위해 몇 주 동안 끊임없이 노력했다. 그리고 부팅 시간을 약간 줄였다며 그 결과를 잡스에게 자랑스럽게 보여주었다.

"이게 자네가 할 수 있는 최선인가?" 잡스가 물었다. 그러고는 차갑게 자리를 떠났다.

며칠간의 밤샘 작업 끝에 매킨토시 팀은 몇 초를 더 줄이는 데 성공했다. 하지만 잡스는 여전히 만족하지 않았다. 잡스는 그들을 질책하는 대신 원형 모델을 빤히 쳐다보며 생각에 잠겼다. 부팅 시간을 더 줄일 수 있는 몇 가지 방법에 대해 엔지니어가 설명하려고 하자 잡스가 그의 말을 막으며 입을 열었다.

"생각해봤는데 말이야." 그가 상기된 목소리로 말했다. "앞으로 매킨토시 사용자가 몇 명이나 될까? 100만 명? 아니, 몇 년 뒤엔 500만 명이 하루에 적어도 한 번은 매킨토시를 부팅할 거야. 만약 부팅 시간을 10초 줄인다고 생각해보게. 10초 곱하기 500만 하면 하루에만 5000만 초야. 1년이면 수십 명의 수명과 맞먹어. 그러니까 부팅 시간을 10초 줄이면 수십 명의 생명을 살리는 거라고."

잡스는 이렇게 결론을 내렸다. "10초 더 줄일 만하지?"

엔지니어들은 불가능하다고 생각했다. 하지만 그들은 인류가 수십억 초를 낭비하지 않게 만들려는 잡스의 강렬한 바람을 통해 영감과 동기를 부여 받았다. 그들은 다시 작업에 매달렸고, 며칠 만에 부팅 시간을 10초 더 줄이는 데 성공했다.

스티브 잡스는 2011년 10월 5일 56세의 나이로 사망했다. 누구도 따라갈 수 없는 그의 혁신과 추진력 덕분에 애플은 세상에서 가장 가치 있는 기술 회사가 되었다. 잡스 덕분에 "이게 우리가 할 수 있는 최선인가?" 하는 질문이 애플의 기업 문화를 대표하게 되었다.

생각해보라. 당신 주위에 있는 사람들 중 몇 명이나 최선을 다하고 있는가?

매킨토시가 출시되기 11년 전, 미 국무장관 헨리 키신저(Henry Kissinger)는 자신의 특별 보좌관 윈스턴 로드(Winston Lord)를 호출하기 위해 수화기를 들었다.

로드는 상당히 지적인 사람이었다. 그는 나중에 중국 대사와 미국 하원의원이 될 인물이었다. 키신저는 로드에게 일상적이고도 간단한 업무를 지시했다. 대통령 외교정책 보고서를 작성해 오라는 것이었다. 로드는 자신의 상사가 아랫사람에게 언제나 최고의 성과를 요구한다는 사실을 알고 있었다. 하지만 그런 그도 자신이 만나게 될 상황은 예상하지 못했다.

(아마도 로드는 하버드 학부 시절 키신저가 쓴 비상한 논문 제목이 '역사의 의미'였고 분량이 무려 377페이지였다는 사실을 잠시 잊었던 것인지도 모른다.)

로드는 당시를 이렇게 회고했다.

> 나는 외교정책 보고서를 열심히 작성해서 키신저에게 제출했다. 다음 날 그가 나를 호출하더니 말했다. "이게 자네가 할 수 있는 최선인가?" 나는 대답했다. "그런 것 같습니다. 하지만 다시 한 번 해보겠습니다." 나는 보고서를 수정해서 며칠 후에 다시 제출했다. 다음 날 그가 부르더니 "이게 자네가 할 수 있는 최선이라고 확신하나?" 하고 또 물었다. "글쎄요, 그렇다고 생각하지만 다시 다듬어보겠습니다." 이런 과정이 여덟 번 반복되고 여덟 개의 보고서를 작성했다. 매번 그는 "이게 자네의 최선인가?" 하고 물었다. 아홉 번째 보고서를 들고 갔을 때도 그는 같은 질문을 했다. 나는 몹시 짜증이 나서 이렇게 대답했다. "정말 머리를 쥐어짰습니다. 아홉 번째라고요. 제가 할 수 있는 최선입니다. 눈을 씻고 봐도 단어 하나도 고칠 게 없습니다." 그러자 그가 나를 쳐다보더니 말했다. "그래? 그렇다면 이제 한번 읽어보지."

키신저는 혹독한 상사였다. 하지만 그의 부하들이 최고 수준의 성과를 냈다는 점에는 의심의 여지가 없다. 당연한 결과다. 그들은 우수한 인재로 구성된 탁월한 팀이었다. 하지만 무엇보다도 중요한 것은 키신저가 날카롭게 던진 질문이었다. "이게 자네가 할 수 있는 최선인가?"

이것은 매우 효과적인 파워 퀘스천이다. 하지만 신중하게 아껴서 사용하라. 누군가를 미치게 만들지도 모른다. 하지만 사용해야 할 때는 하라. 사람들이 불가능하다고 생각했던 일을 해내도록 이끌 것이다.

▲ ▲ ▲

사람들이 능력을 최대한 발휘하도록 만들고자 할 때, 그들에게서 최고의 성과를 얻어내고자 할 때 물어라. "이게 당신이 할 수 있는 최선입니까?"

▼ ▼ ▼

질문 사용법

"이게 당신이 할 수 있는 최선입니까?"
이 질문은 누군가로 하여금 최고의 성과를 내고 자신의 한계를 뛰어넘게 만들어야 할 때 신중하게 사용하라.

최고의 성과가 필요할 때 우리는 종종 중간 정도에서 만족한다. 평범함은 위대함에 이르는 길을 막는 적군이다. '악화가 양화를 구축(驅逐)한다'는 그레셤의 법칙을 떠올려보라. 기업들은 형편없는 고객 서비스를 제공하면서 왜 시장 점유율이 떨어지는지 의아해한다. 대학생들은 최선은 다하지 않고 졸업 후 근사한 직장에 들어가길 원한다.
열정적으로 땀을 쏟을 줄 모르는 무감각이 팽배해 있다.
이 질문은 상대로 하여금 더 높은 곳을 향해 나아가고 자신의 '최선'이 무엇인가에 초점을 맞추게 만든다.

언제 사용할까

- 직장에서 누군가에게 특정 업무나 프로젝트의 완수를 요청했을 때
- 자녀로 하여금 더 많은 노력을 기울이게 만들 때
- 무엇보다도, 당신 자신이 무언가를 하고 있을 때 물어라. 글쓰기 과제를 쓰든, 제안 요청서에 대한 답변을 쓰든, 회사의 비전 문구를 작성하든, 심지어 정원을 가꿀 때든 말이다. 그럴 때 물어라. "이게 과연 내가 할 수 있는 최선인가?"

어떻게 사용할까

- "더 개선할 수 있는 여지가 있습니까?"
- "어떻게 하면 더 나아질 수 있을까요?"

이어지는 질문

- "당신을 방해하는 요인이 무엇입니까?"
- "이게 당신의 '최선'에 부합한다고 생각합니까?"
- "이 결과물에서 가장 좋은 부분은 무엇입니까? 개선할 점은 없습니까?"

chapter
22

현명한 스승은
실패에 대해 질문한다

  내 고객사의 주가 성과가 지지부진했다. 적도 무풍대(몇 주간 바람이 거의 안 불어서 배들이 오도 가도 못하곤 하는 적도 인근 지대)에 들어선 범선마냥 도통 움직일 줄 모르고 제자리걸음이었다.
  주가가 오르지 않으면 이 회사의 임원진이 보유한 스톡옵션은 아무런 가치가 없었다. 또 새로운 임원들을 영입하기도 곤란했다. 최악의 경우 이 회사는 다량의 지분을 매입한 뒤 고가에 매각하여 이득을 챙기는 적대적인 '기업 사냥꾼'의 목표물이 될 수도 있었다. 회사 지분이 대부분 넘어가고 자산이 중세의 전리품처럼 약탈당하는 것이다.

회사는 상황이 이 지경까지 이른 이유를 파악하고 적절한 회생 전략을 제안 받고 싶어서 우리를 고용했다. 그들은 사태의 원인을 확실하게 규명하고 싶어했다.

우리는 최고의 분석가 팀을 구성해 이 일을 맡겼다. 심지어 런던 경영대학원의 저명한 금융 분야 교수의 도움도 얻었다.

진단 결과는 명확했다. 이 회사 주식에 투자한 이들이 현재 회사가 창출하는 것보다 더 많은 수익을 기대하고 있었다. (적어도 현재의 경영 방식으로 창출하는 수익은 투자자들의 기대를 밑돌았다.) 다시 말해 자기자본 비용이 자기자본 수익률보다 높은 상태였다. 심각한 문제들 중 하나는 회사의 소매업 부문이 고비용 임차와 부실한 제품 카테고리 때문에 압박을 받고 있다는 점이었다. 고객들의 평균 구매량도 미미했다.

그들에게는 강력한 처방이 필요했다. 그리고 거기에는 쓰라린 고통이 따를 수도 있었다.

우리는 최신 자본시장 이론과 분석 모델을 담은 최첨단 보고서를 작성했다. 보고서에는 노르망디 상륙작전의 전술에 필적할 만한 차트와 그래프들이 가득했다. 분량은 무려 172쪽에 달했다.

우리는 깊이와 철두철미함, 예리함을 갖춘 이 중간보고서가 무척 자랑스러웠다. 반박의 여지가 없는 명쾌한 내용이었다.

하지만 잠정적 권고 사항들을 발표하는 첫 미팅 자리는 거의 재난 수준이었다. 우리는 유명한 장군인 헬무트 폰 몰트케(Helmuth Von

Moltke)의 경고를 기억했어야 했다. "모든 작전은 적군과 접촉하는 순간 무용지물이 된다."

우리는 본사의 큰 회의실에 마련된 테이블 앞에 앉아 있었다. 나는 프레젠테이션을 시작했다. 시작한 지 얼마 되지도 않아 소매업 부문 간부들이 우리의 분석 내용을 하나하나 짚어가며 공격하기 시작했다. 그들은 고물 창고를 지키는 나이 먹고 영리한 불도그처럼 자신들의 영역을 방어하려 애썼다. 우리의 결론을 예상한 그들은 우리의 분석 모델에 담긴 가정들을 반박하기 위해 경제학자까지 고용한 상태였다. 우리는 허를 찔린 셈이었다.

잠시 후 CEO인 트레버가 능수능란한 수완을 발휘해 상황을 정리했다. "자, 의견 차이를 해결하려면 시간을 갖고 이 문제를 좀 더 살펴봐야겠군요."

우리는 회의실을 나왔다. 들어갈 때보다 보고서가 더 무겁게 느껴졌다.

사무실에 돌아온 우리는 패배를 극복하기 위한 뒷수습에 착수했다. 우리가 그날 미팅에 대한 사후 분석을 하는 동안 내 상사 제임스 켈리(James Kelly)는 아무런 말이 없었다. 제임스는 우리 회사의 창업자이며 내가 만난 그 누구보다 명석한 문제 해결사이다. 또 조용하고 깊게 흐르는 강물과도 같은 풍부한 경험을 갖고 있다. 회의를 시작하고 20분 동안 우리는 철저한 자료 조사에 근거한 우리의 분석을 받아들이려 하지 않았던 고객사에 대한 비난을 쏟아냈다. ("결론은 자명하잖아. 그게 안 보인다는 거야?")

그때까지 말이 없던 제임스가 고개를 들어 팀원들을 보며 물었다. "오늘 뭘 배웠나요?"

우리는 서로를 쳐다보다가 슬그머니 다른 쪽을 쳐다보았다. 다들 제임스의 시선을 피하고 있었다.

내가 용기를 내서 대답했다. "음, 소매업 부문 간부들과 대화를 나누는 시간을 좀 더 가졌어야 한다고 생각해요."

"내 생각도 같아요." 제임스가 말했다. "그리고 또 없습니까? 사람들의 마음을 움직이는 것과 관련해서는 뭘 깨달았나요?"

"숫자가 다가 아니라는 거요." 내가 대답했다. "그들은 자기 사업에 대해 깊은 신념을 갖고 있어요. 감정적인 애착이 있는 거죠. 그들을 설득하려면 다양한 층위에서 움직여야 해요. 다시 말해 이성과 감성을 함께 공략해야 해요."

제임스가 고개를 끄덕였다. "그리고 정치적인 측면도 빼먹으면 안 돼요. 이성적, 감성적, 정치적 요소를 모두 고려해야 합니다. 인간관계 관리에 대해서는 뭘 배웠어요?"

"CEO인 트레버한테만 너무 집중했습니다. 우리는 그가 임원들의 의견을 꽤 존중한다는 사실을 미처 몰랐어요. 우리가 상대하는 고객은 '한 명'이 아닌 거죠. 조직 내의 다른 리더들과 관계를 구축하는 것의 중요성을 간과했습니다."

제임스가 다시 고개를 끄덕였다. "좋아요. 그리고 마지막으로, 고객을 상대로 하는 프레젠테이션에 대해선 뭘 배웠습니까?"

나는 멋쩍은 미소를 지었다. 제임스가 중요시하는 원칙이 하나 있다. 평소 우리 앞에서 늘 강조하던 원칙이었다. "프레젠테이션의 결론을 항상 고객에게 미리 알려줘라." 고객사의 임원들에게 프레젠테이션을 하기 전에 반드시 그 내용에 대해 간단히 브리핑을 하라는 것이었다. 그들의 입장과 견해를 항상 사전에 파악해야 한다는 의미였다.

(참고로 이 조언은 중요한 상대방과 갖는 거의 모든 미팅에 적용된다. 고객과 만나는 자리든, 중요한 기획서 내용을 논의하기 위해 당신 조직 내의 상사와 만나든 말이다.)

내가 말했다. "항상 사전에 모든 참석자에게 우리의 결론을 알려줘야 합니다. 자료를 미리 살펴볼 수 있게 해줘야 합니다."

그로부터 석 달 뒤 트레버는 은퇴했다. 이사회는 곤경에 처한 회사를 이끌 젊은 CEO를 선임했다. 새로운 CEO인 리처드 얼리(Richard Early)는 타협할 줄 모르는 유능한 경영인으로, 난국에 봉착한 두 개의 대기업을 회생시킨 경험도 있었다.

그가 부임한 직후 가진 간단한 미팅 자리에서 나는 그에게 우리의 분석 보고서를 건넸다. 172쪽짜리 보고서 전체를 말이다!

일주일 후 그의 비서에게서 전화가 왔다. "CEO께서 보고서 요약본을 준비해달라고 하십니다." 나는 CEO가 원하는 게 정확히 무엇인지 물었다. "보고서 맨 앞에 있는 결론 요약 한 쪽보다는 길고 172

쪽보다는 짧은 분량으로 요약했으면 하세요." 나는 책상 위에 놓인 172쪽짜리 보고서를 쳐다보았다. 휴! 저절로 얼굴이 찡그려졌다. 하지만 곧 나는 소매를 걷어붙이고 작업에 착수했다.

그리고 며칠 동안 보고서 내용을 요약하는 일에 매달렸다. 잠도 줄여가며 미친 듯이 일했다. 그저 단순한 요약본이 아니라 명료하고 설득력 있는 강렬한 자료를 만들고 싶었다.

마침내 172쪽 분량을 5쪽으로 줄여 신임 CEO에게 보냈다. 직설적인 내용이 담긴 다섯 페이지였다. 거기에는 하나의 스토리가, 설득력 있고 생생한 스토리가 담겼다.

하지만 몇 주가 지나도록 연락이 없었다. 나는 이 회사와의 계약은 이미 물 건너갔다고 마음속으로 포기했다.

그런데 한 달 뒤 리처드 얼리가 나에게 직접 전화를 걸어왔다. CEO가 직접 전화를 하는 것은 드문 일이었다. 대개는 비서를 통해 연락하니까 말이다.

그가 말했다. "요약본 잘 받아서 읽어보았습니다. 이제야 당신들이 하려는 말이 뭔지 이해가 됩니다. 엄청난 분량의 보고서를 봤을 때는 감이 잘 안 잡혔거든요. 이제 명료해졌습니다. 이 보고서는 우리에게 필요한 해답을 담고 있습니다. 사실 이 요약본을 임원들에게 전부 나눠 주었어요. 설득력 있는 주장을 담고 있다는 게 제 판단입니다. 다음 주에 저희 쪽으로 방문해주시겠습니까? 저는 금요일이면 좋겠는데요. 다음으로 밟아야 할 단계들에 대해 상세히 의논

하고 싶습니다."

나는 한껏 신이 나서 제임스의 방으로 달려가 이 소식을 전했다. CEO가 '나한테' 직접 전화를 하다니! 제임스는 흐뭇하게 고개를 끄덕였다.

제임스는 이번에도 이렇게 물었다. "그래, 이번 경험을 통해 뭘 배웠나요?" 축하한다는 말은 한 마디도 없다. 그저 '무얼 배웠느냐' 고 물을 뿐.

"CEO에게는 파워포인트 슬라이드 100장으로 뭔가를 전달하려 들면 안 된다는 겁니다. 그들은 핵심이 요약된 짧은 정보를 원해요."

"좋아요. 그리고 또?"

"최고경영자들은 구체적인 방법론에 그다지 큰 관심이 없다는 걸 알았어요."

"맞아요. 그들은 당신을 신뢰할 수 있는지 여부를 알고 싶어하죠. 이 일을 해낼 수 있는 사람인가? 이 분야에서 최고의 적임자인가? 나의 관심사와 이익을 늘 우선시할 것인가? 그들은 그걸 판단합니다. 아참, '신뢰'에 대해서는 뭘 깨달았나요?"

"분석과 전문 지식이 신뢰를 가져다주지는 않는다는 겁니다. 고객과 직접 얼굴을 마주하는 시간을 더 갖는 것이 중요해요. 리처드 얼리가 부임하자마자 그렇게 했어야 했죠."

"그리고 또?"

나는 내가 그토록 자랑스러워했던 172쪽짜리 보고서, 그리고 CEO를 납득시킨 5쪽짜리 요약본을 떠올렸다.

"때로는 적은 게 더 좋은 것이다?" 음악을 만드는 것은 음표가 아니라 음표들 사이의 여백이라고 했던 루이 암스트롱(Louis Armstrong)의 말이 떠올랐다.

제임스의 얼굴에 서서히 미소가 번졌다. 어떤 것이 더 기쁜 일인지 잘 모르겠다. CEO에게 전화를 받은 일과 제임스가 미소를 지은 것 중에서 말이다.

그때의 경험은 내게 꼭 필요한 교훈을 주었고, 나는 그것을 절대 잊어버리지 않았다. 힘든 경험이 최고의 스승이라고들 하지만 어떤 때는 치러야 하는 비용이 너무 크다.

실패는 훌륭한 스승이다. 하지만 성공도 마찬가지다. 위대한 경영 구루 피터 드러커는 이렇게 말했다. "성공적인 일을 한 이후에는 조용한 반성의 시간을 가져라. 그러면 나중에 훨씬 더 성공적인 일로 이어질 것이다."

▲ ▲ ▲

사람들은 한 가지 일을 끝내고 다음 일로 곧바로 달려간다. 숙고하고 반성하는 시간도 없이 말이다. 상대로 하여금 경험에서 최대한 많은 것을 얻도록 만들려면 이렇게 물어라. **"무엇을 배웠습니까?"**

▼ ▼ ▼

질문 사용법

"당신은 무엇을 배웠습니까?"

우리는 경험을 하고서도 거기서 배움을 얻지 못할 때가 많다. 사회학자들이 수행한 여러 연구가 그 사실을 보여준다. 성공하면 나의 능력과 성과 덕분이라고 생각하고, 실패하면 내가 통제할 수 없는 외부 요인이나 다른 사람의 탓으로 돌린다. 탓할 사람을 찾지 못했다면 충분히 열심히 찾아보지 않은 탓이라고, 우디 앨런(Woody Allen)이 말했을 정도다.

미군은 경험에서 배움을 얻으려는 노력을 체계적으로 기울이는 몇 안 되는 조직들 중 하나다. 미군의 '사후 평가' 시스템은 훈련을 포함한 모든 군사 작전의 중심축이다. 지휘관들은 잔인할 정도로 솔직하고 냉정하게 평가를 내린다.

"무엇을 배웠습니까?"도 좋지만 거기에 더해 "~에 대해 무엇을 배웠습니까?"라고 물어라. 신뢰, 조직 내 정치, 또는 타인에게 동기를 부여하는 방법 등에 관한 교훈을 찾아낼 수 있을 것이다.

언제 사용할까
- 상대방이 당신에게 자신의 경험을 들려줄 때
- 회의, 인터뷰, 방문 후에
- 누군가에게 멘토링 혹은 코칭을 할 때

어떻게 사용할까
- "그 경험에서 가장 기억에 남는 점이 무엇입니까?"
- "OOO(예: 사람, 신뢰, 인간 본성, 동기 부여, 계획 등)에 대해 무엇을 배웠습

니까?"

이어지는 질문
- "언제나 그렇다고 생각합니까, 아니면 이 상황에서만 그렇다고 생각합니까?"
- "그것에 대해 좀 더 얘기해줄 수 있습니까?"

chapter
23

예수의
질문법

한 금융회사 간부가 월스트리트에 위치한 고층 사무실 건물에서 나온다. 그리고 시청과 워스 가(街)를 지나 바우어리 거리로 향한다. 빈 병과 쓰레기가 여기저기 널려 있고 사람들이 판지로 만든 상자 안에서 자고 있다. 종이 상자로 만든 초라한 거처 앞에서 금융회사 간부는 노숙자 여인을 만난다. 지금껏 힘겹고 고통스러운 삶을 살아온 여인이다. 한 손에는 블랙커피가 담긴 종이컵을 들고 있다. 그녀는 깔끔한 남색 정장을 입은 남자를 보고 의아해한다. '이 사람, 여기서 뭐하고 있는 거지?'

남자는 여인에게 조용히 청한다. "저도 한 잔 주시겠어요?" 이 짧은 질문을 시작으로 하여 두 사람 사이에는 놀라운 대화가 이어지고, 결국 이 대화는 여인의 삶을 바꾼다.

실화일까? '각색'한 것이라고 말하는 편이 맞을 것이다. 그런데 이런 만남이 실제로 있었다. 물론 뉴욕에서 아주 멀리 떨어진 곳에서 일어난, 아주 오래전의 일이지만.

약 2000년 전, 예수라는 이름의 유대인 랍비가 열두 명의 제자와 함께 사막을 걷고 있었다. 그는 유대인들이 대개 기피하는 사마리아 지역을 통과하는 중이었다. 작은 마을 외곽에 위치한 사막의 외딴 곳에 있는 우물 옆에 앉은 예수는 한 사마리아 여인이 올 때까지 기다렸다.

여인을 만난 예수는 이렇게 청했다. "물 한 잔 주겠소?" 사실 굉장히 충격적인 질문이었다. 당시 유대인들은 절대로 사마리아인과 교류하지 않았기 때문이다. 유대인은 사마리아인을 혐오스럽고 부정하다고 여겼다. 여인은 크게 놀랐다. 그리고 대답했다. "어떻게 그런 부탁을 하십니까? 유대인은 사마리아인과 말도 섞으려 하지 않는데……." 예수는 여인의 이야기를 들어주고 그녀에게 아픈 과거가 있음을 알아낸다. 그녀는 여러 명의 남편을 거쳤고 마을에서도 따돌림을 받고 있었다.

그 뒤 이어진 대화, 즉 예수가 그녀의 영적 공허함과 사회적 소외를 돕는 데 기여한 대화는 수세기 동안 많은 사람들 사이에 회자되었다. "물 한 잔 주겠소?"로 시작된 그들의 만남은 그녀의 인생을 변화시켰다.

예수는 혁명가였다. 그는 기존 질서를 뒤엎고 인류를 파탄에서 구하고자 했다. 그는 권력과 돈, 사회적 위치에 대한 선망 대신에 겸손과 섬김, 이웃에 대한 사랑이 넘치는 왕국을 세우고 싶어했다.

예수가 타인을 변화시키는 데 사용한 중요한 방법은 바로 '질문'을 던지는 것이었다.

종종 예수는 간단한 질문을 던지면서 소외된 사람에게 손을 내밀었다. 교육받은 상류층 사람들에게 존중받는 것은 고사하고 그들과 말을 섞는 것조차 상상하기 힘든 사람들에게 기꺼이 다가갔다. 예수는 창녀, 나환자, 거지, 범죄자, 절망한 사람들과 언제고 대화를 나눴다.

예수는 당시 종교 권위자들의 공격에 '반문'으로 응수했다. 그들은 예수를 죄지은 자처럼 보이게 만들고자 그에게 질문을 던졌다. 예수는 거기에 대답하는 대신 자신만의 질문을 다시 던졌다. 그들이 제대로 답하지 못하고 쩔쩔매게 되는 질문이었다. 또한 예수는 제자들과 그가 만나는 사람들로 하여금 생각하게 만드는, 심오하고 수사적인 질문을 던지곤 했다.

예수는 예루살렘에 마지막으로 들어가기 직전에 가장 예리하고 심오한 질문을 했다.

그는 빌립보 가이사랴 지방에서 제자들을 불러 모아놓고 물었다. "사람들이 인자를 누구라 하느냐?"

제자들이 대답했다. "어떤 이들은 세례 요한이라 하고 어떤 이들은 엘리야라고 합니다. 또 어떤 이들은 예레미야나 선지자들 중의 하나라고 합니다." 무거운 침묵이 흘렀다. 예수는 제자들의 눈을 차례로 뚫어져라 응시했다. 그리고 그가 던진 질문 중에 가장 직접적인 질문을 던졌다. 예수는 시몬 베드로를 쳐다보았다.

"하지만 너희는 나를 누구라 하느냐?" 예수는 그 대답을 원했다. 베드로가 일어섰다. 모두가 숨을 죽였다. 베드로는 예수를 쳐다보며 말했다.

"당신은 예수 그리스도, 구세주이시고 살아 계신 하나님의 아들이십니다."

예수는 일주일 이내로 붙잡혀 가 재판을 받은 후 십자가에 못 박힐 상황이었다. 그의 제자들은 리더를 잃게 될 것이었다.

길지 않은 사역이 끝나가는 이 결정적인 시점에 예수는 왜 "너희는 나를 누구라 하느냐?"라는 질문을 던졌을까? 어째서 "나 없이도 잘 해나갈 수 있겠느냐?" 혹은 "다음 주에 내가 죽기 전에 몇 가지 교훈을 더 주길 원하느냐?"라고 묻지 않았을까?

예수는 자신이 십자가에 못 박혀 죽을 것을 알고 있었고 그것이 자신의 운명이라고 제자들에게 여러 번 이야기했었다.

예수는 자신이 세상을 떠난 후에도 자신의 혁명적 가르침과 하나님의 나라가 이 세상에 뿌리를 내리고 번성하기를 바랐다. 하지만 그러기 위해서는, 자신이 누구이며 세상에 왜 왔는지를 제자들이 진정으로 이해하고 있는지 확인해야 했다. 그는 믿음에 대한 개인적인 선언을 제자들로부터 듣고 싶었다.

만일 예수가 단지 여러 랍비들 중에 한 명이었다면 제자들은 원래 하던 일로 돌아가면 된다. 고기잡이든 세금 징수든 환자 치료이든 말이다. 그들은 예수와 함께 보낸 3년을 잊어버리면 그만이다.

하지만 그들이 예수가 구세주라고 진심으로 믿는다면, 그들은 예수에게 배운 겸손과 섬김의 리더십, 그를 통한 하나님과의 직접적인 관계 구축 등등의 가치를 확고하게 고수하며 거기에 헌신할 것이다. 제사들이 진정으로 믿는다면 열정과 마음속 감화를 토대로 예수가 못다 한 사역을 계속해나갈 것임을, 예수는 알고 있었다. 그들의 믿음은 예수가 십자가에 못 박혀 죽은 뒤에 부활하고 나서 더욱 확고해졌다. 그리고 그들은 예수의 사명을 이어갔다. 대부분 목숨을 잃어가면서까지 말이다.

당신은 조직의 리더인가? 비즈니스 전문가인가? 부모 또는 교사인가? 어떤 위치에 있든 간에 주변 사람들이 당신이라는 사람과 당신의 역할에 대해 제대로 이해하고 있는지 확인하라. 그들이 당신이 지지하는 신념과 가치관을 진정으로 인정하는지 확인하라. 당신이 지지하는 바와 지지하지 않는 바를 알 필요가 있다.

사람들은 당신이 어떤 사람인지 제대로 알고 있는가?

▲ ▲ ▲

주변 사람들은 당신이 무엇을 추구하는지 알고 있는가? 그들에게 직접적으로 물어라. "저를 리더(동료, 친구, 부모 등)로서 어떻게 생각합니까?"

▼ ▼ ▼

**질 문
사용법**

"저를 리더(동료, 친구, 부모 등)로서 어떻게 생각합니까?"
우리는 부하직원이나 동료가 우리가 추구하는 바를 당연히 이해하고 존중할 것이라고 생각한다. 우리의 가치관과 접근 방식을 인정한다고 말이다. 또 가족이나 친구와의 관계에서도 역시 그렇게 여긴다. 하지만 그들은 내가 누구인지 제대로 알고 있을까? 그것을 어떻게 하면 알아낼 수 있을까?
"나를 어떻게 생각합니까?"라고 물으면 진정으로 친밀하고 의미 깊은 대화가 전개될 수 있다. 또 전혀 예상하지 못했던 무언가를 배울 수도 있다.

언제 사용할까

- 당신의 리더십을 타인들이 어떻게 생각하는지 알고 싶을 때
- 가족, 친구, 동료 등 당신과 가장 가까운 사람들이 당신이 누구이며 무엇을 추구하는지 제대로 이해하고 있는지 알아볼 때

- 당신의 의도를 확신하지 못하는 상대방을 일깨워주고 싶을 때

어떻게 사용할까
- "제가 무엇을 추구한다고 생각하십니까?"
- "제가 중요시하는 원칙이나 가치관을 요약해서 표현한다면 어떤 게 있겠습니까?"

이어지는 질문
- "제가 한 일들 중에서 무엇이 그런 인상을 강화했습니까?"
- "이 일과 관련해 더욱 효과적인 커뮤니케이션을 하고 좋은 역할 모델이 되기 위해 제가 할 수 있는 일에는 무엇이 있습니까?"
- "왜 그렇게 생각합니까?"

chapter
24

더 깊이,
본질에 접근하라

"세일즈 부문 임원들을 대상으로 교육 워크숍을 계획하고 있습니다. 이틀 동안 교육 세션을 진행해주시면 비용이 얼마나 됩니까?" 나는 산업 장비를 만드는 회사의 글로벌 세일즈 책임자 커트 도슨(Kurt Dawson)과 통화하는 중이었다.

(어 잠깐…… 나는 속으로 생각한다. 마냥 끌려가면 안 돼! 고삐를 제대로 붙잡지 않으면 나를 위해서든 이 회사를 위해서든 바람직하지 않은 방향으로 흘러갈 것이 분명했다.)

나는 도슨에게 말했다. "일단 만나서 얘기해봅시다. 다음 주에 찾아뵈면 어떨까요?"

그리고 덧붙였다. "때로는 교육 워크숍이 가장 좋은 출발점은 아닐 때도 있습니다. 제 경험상 가급적이면 교육 워크숍을 피해야 하는 경우도 있거든요." 도슨은 내 대답이 마음에 들지 않는 눈치였다. 그는 세일즈 교육을 '원하고' 있다. 하지만 그게 정말 '필요한' 것일까?

닷새 후 나는 커트 도슨의 사무실에 앉아 20년 된 커피메이키로 만든 커피를 홀짝이고 있었다. 그는 회사와 제품, 세일즈 팀에 대해 열정적으로 설명했다.

"우리는 시장 리더입니다. 업계에서 가장 높은 품질을 자랑하지요. 우리 세일즈맨들은 상당한 가치를 지닌 상품입니다. 경쟁사들에서 늘 빼가려고 눈독을 들인답니다."

그렇게 완벽하다니, 정말일까 싶기도 하다.

나는 첫 번째 '왜' 질문에서 시작했다. 의자에 앉은 채 몸을 앞으로 기울이며 물었다. "왜 세일즈 팀 교육을 하고 싶으십니까?"

"음, 세일즈맨들의 능력을 지속적으로 향상시켜야 하니까요."

나는 두 번째 '왜'를 물었다. "왜 세일즈맨들의 능력을 향상시켜야 하죠? 업계 전체에서 부러워하는 최고의 인력들인 것 같은데요!"

"그들의 능력을 더 끌어올리면 새로운 고객을 유치하는 데 더 효과적일 거라고 생각합니다."

세 번째 '왜'로 들어갔다. "왜 새로운 고객 유치를 위해 더 노력을 기울여야 합니까?"

그는 마치 '살기 위해서 왜 숨을 쉬어야 하나요?' 라는 질문을 받은 사람 같은 표정으로 나를 쳐다보았다.

"기존 고객층만으로는 CEO가 세운 성장 목표를 달성할 수가 없습니다. 새로운 고객을 더 확보해야 합니다."

(이제 문제의 본질에 좀 가까워졌다.)

나는 도슨에게 네 번째 '왜' 질문을 던졌다. "왜 기존 고객층을 충분히 빠른 속도로 증가시킬 수 없는 거죠?"

어색한 침묵이 흘렀다. 그는 한참 동안 대답을 망설였다. 나는 잠자코 기다렸다. 아무 말 없이. (생산적인 침묵은 절대 깨면 안 된다!)

"고객 감소 때문이죠. 매년 기존 고객들의 20퍼센트를 잃고 있습니다."

공포 영화의 가장 무서운 장면에 어김없이 등장하는 우르릉거리는 저음 코드가 어디선가 들려오는 듯하다. 아주 끔찍한 장면이 곧 나타날 것을 알리는 그 신호 말이다. 영화 〈위험한 정사(Fatal Attraction)〉에서 욕조에 있던 글렌 클로즈(Glenn Close)가 마이클 더글러스(Michael Douglas)를 덮치기 직전이다.

"20퍼센트라." 나는 판단하는 듯한 말투를 배제하고 중립적인 목소리로 말했다.

이제 마지막으로 다섯 번째 '왜' 이다. "이건 꼭 물어야겠습니다. 왜 매년 고객의 20퍼센트를 잃고 있는 겁니까?"

"우리는 제품 가격을 낮추는 몇몇 경쟁사들 때문에 타격을 입고 있습니다. 하지만 그런 방식은 지속가능하지가 않습니다. 그들도 언제까지고 그렇게 낮은 가격을 유지할 수는 없을 테니까요."

"그건 어떻게 아시죠?" 그를 더 압박해나갔다.

"세일즈맨들에게 물어봤습니다. 그리고 일부 고객들한테서도 들었고요."

(드디어 충분히 깊이 들어갔다.)

나는 회사의 고객 감소와 경쟁사에 대해, 그리고 제품과 가격에 대한 고객들의 견해에 대해 더욱 정확하게 이해하기 전에는 교육 프로그램이 의미가 없다고 말해주었다.

나는 교육 프로그램 따위는 잠시 접어두라고 설득했다. 그 대신 나는 그들의 사업 운영 상태에 관한 강도 높은 검토에 착수하기로 했다.

나는 세일즈맨들을 직접 만나보았고 이 회사에서 등을 돌린 일부 고객들도 인터뷰했다. 진짜 문제가 무엇인지 곧 드러났다. 이 회사가 경쟁사의 낮은 가격 때문에 보는 손해는 미미했다. 오히려 제품의 품질 및 배송과 관련된 중요한 문제가 있었다.

애초에 내가 품은 생각이 옳았음이 드러났다. 나는 우선 품질 및 배송 문제를 해결하지 않으면 최고 수준의 교육 워크숍을 진행하는 것도 시간 낭비에 불과할 것이라고 말해주었다.

고객에게 던진 다섯 개의 '왜' 질문 덕분에, 우리는 교육 프로그램보다 훨씬 폭넓고 더 중요한 프로젝트 계획을 세울 수 있었다. 나는 도슨이 생산에서 세일즈에 이르기까지, 회사의 운영 전반을 철저하게 점검하는 과정을 도왔다. 그는 지금도 나의 고객이다.

▲ ▲ ▲

누군가가 "나는 이걸 원해"라고 말할 때, 당신은 그에게 진짜로 '필요한' 것이 무엇인지 알아내야 한다. "왜?"라는 질문을 던져라. 필요하다면 다섯 번까지도 물어라. "왜 그것을 원합니까?" 혹은 "왜 이런 상황이 벌어진 겁니까?"에서 시작하라.

▼ ▼ ▼

질문 사용법

"왜 그것을 하고 싶습니까?"

"왜?"는 잘못된 타이밍에 잘못된 문제에 대해서 물을 경우 끔찍한 질문이 될 수도 있다. 반대의 뜻을 은근하게 내비치는 셈이 될 수 있기 때문이다. 비판적이고 트집 잡기 좋아하며 잔소리나 하는 사람처럼 들릴 수도 있다. 또 상대방의 기분이 나빠질 수도 있다.

하지만 "왜?"는 강력한 질문도 될 수 있다. 타인으로 하여금 자신이 하려는 일에 대해 더 깊이 생각하게 만들며, 문제의 핵심에 다가갈 수 있게 해준다. "왜?"는 생각 없이 타성에 젖어 살지 않도록, 잠시 멈춰서 반성하고 자신의 행동을 점검하도록 도와준다.

"왜?"라고 물을 때는 신중을 기하라. 하지만 이 질문을 자주 활용하라.

언제 사용할까

- 상대방의 진정한 동기를 알고 싶을 때
- 상대방이 뭔가를 원하는데 당신이 봤을 때는 그에게 그것이 진짜로 필요한지 의심이 갈 때
- 어떤 문제의 근본적인 원인이 무엇인지 알아내고 싶을 때

어떻게 사용할까

- "그렇게 함으로써 어떤 결과를 얻을 것으로 기대합니까?"
- "어떻게 해서 그런 접근법을 택하게 됐습니까?"
- "왜 거기서 시작해야 한다고 생각합니까?"

이어지는 질문

- "왜 그렇습니까?"
- "왜 그런 일이 일어난다고 생각합니까?"
- "그걸 어떻게 아시죠?"

chapter
25

당신이 묻고 싶은 게
무엇입니까

나는 딜레마에 빠졌다.

문제는 이것이다. 정말이지 미칠 것 같다. 나는 그 고객과 계약을 맺고 싶었다. 하지만 마음 깊은 곳에서는 계약을 맺을 경우 골치 아프고 짜증 나는 일이 수없이 발생할 것이라는 사실을 잘 알고 있었다. 이런 상황을 두고 '도로무공(徒勞無功)'이라고들 하지 않던가.

나는 잠재 고객과 프로젝트를 상의하고 있었다. 그는 내 작업을 하나부터 열까지 통제하고 관리하려고 들었다. 내가 언급하는 모든 절차에 대해 극히 세세한 부분까지 확인하고 싶어했다. 내가 할 강연 내용의 전문도 미리 검토하고 싶어했다. 그의 회사 직원들이 참석하는 워크숍에 내가 준비해 갈 파워포인트 슬라이드의 유형도 직접 확인해야겠다고 했다. 정확한 그룹 참여도 예상 수치를 묻는 것도 빼놓지 않았다.

나는 그의 끝없는 요구와 지시에 대응하느라 허덕이고 있었다.

나는 계약을 성사시키고 싶었다. 하지만 내 안의 목소리는 그 반대 방향으로 가라고 말하고 있었다. 시시각각 언짢은 기분이 강해지기만 했다.

이탈리아에 이런 속담이 있다. "아침을 보면 하루를 알 수 있다." 다시 말해 시작을 보면 끝이 어떨지도 알 수 있다는 얘기다. 나의 경우, 시작부터 감이 좋지 않았다.

나는 친구이자 멘토, 작가인 앨런 와이스(Alan Weiss)와 상의해보기로 했다. 앨런은 문제를 분석하고 핵심을 짚어내는 데 뛰어난 친구였다. 그는 퉁명스럽다고 해도 좋을 만큼 냉철한 태도로 문제의 정곡을 찌르곤 했다. 때로는 듣기 고통스럽기도 했지만 언제나 속 시원한 답을 주었다.

나는 앨런에게 전화를 걸었다. "자네에게 물어보고 싶은 게 있어."

"좋아, 말해보게." 잡담은 건너뛰었다. 앨런은 곧바로 본론에 집중했다.

"고객이 될 가능성이 있는 사람을 한 명 만났네. 시카고에 있는 대기업의 고위 중역이지. 굉장히 큰 계약이 될 듯해. 그들은 매출 신장을 촉진하고 더 수익 중심적인 문화를 창출하기 위해서 야심찬 프로그램을 시행하려고 하고 있어."

나는 고객과 관련된 정보와 관련 사항을 줄줄이 설명하며 이야기를 이어갔다. "게다가 그는 나한테 끊임없이 전화해서 일정을 잡고 싶어해. 심지어 주말에도!"

나는 이 모든 사실을 앨런에게 설명하는 게 중요하다고 생각했다. 아니, 반드시 필요했다! 전체적인 상황과 맥락을 파악하지 못하고서 어떻게 내가 직면한 문제를 이해할 것이며, 또 내게 적절한 조언을 해줄 수 있단 말인가? 나의 이야기는 몇 분 더 계속되었다.

"잠시 끼어들어도 괜찮겠나?" 앨런이 물었다.

"물론이지."

"자네가 묻고 싶은 게 뭔가?"

내 이야기 흐름이 뚝 끊겼다. 앨런에게 들려주고 싶은 이야기가 아직도 잔뜩 남아 있는데…….

"그러니까 말이야, 고객은 이 프로그램에 대한 극도의 책임감을 느끼고 있을 뿐만 아니라 또……." 나는 올바른 판단을 내리는 데 반드시 필요하다고 생각되는 배경 상황을 재차 설명하기 시작했다.

앨런이 다시 끼어들었다.

"묻고 싶은 게 뭔가? 5분 전에 자네는 물어보고 싶은 게 있다고 했지. 그 질문이 뭐야?"

나는 다소 민망했다.

"질문? 흐음." 나는 말을 멈추고 생각했다. "바로 이거야. 지나치게 통제하면서 사사건건 관리하려고 드는 이 고객에게 어떻게 대응하면 좋을까?" 앨런은 부드럽게 웃었다.

"그래, 분명 질문할 게 있을 줄 알았다니까! 생각해봐. 자네가 그들이 판매하는 소프트웨어를 만드는 법을 그들에게 설명할 수 없듯이, 그들도 자네에게 컨설팅 방법을 설명할 수 없어. 그래서는 안 되지. 그건 자네의 전문 분야니까. 그 고객한테 이렇게 말해보게. 벤츠 자동차를 살 때 전시 매장에 가서는, 독일에 직접 날아가 제조 공정을 확인하고 내 자동차를 만드는 과정에 이런저런 조언을 하게 해달라고 할 수는 없다고 말이야. 벤츠는 훌륭한 브랜드야. 최종 생산품이 높은 기대치를 충족시켜줄 것이라고 신뢰해야 하지.

마찬가지로 그 고객한테 이야기하게. '당신은 시장에서 인정받는 저의 전문성과 경험, 명성을 보고 저와 계약을 맺으려 하고 있습니다. 저는 이와 유사한 문제들을 해결해온 다년간의 경험을 갖고 있습니다. 그러니 이 프로그램을 가장 효과적인 방식으로 설계하는 일을 제게 맡겨두시면 됩니다.'"

"아!" 내 입에서는 이 한 마디만 튀어나왔다.

"내 말 듣고 있나? 이게 자네 질문에 적절한 대답이 될까?"

"그럼, 멋진 답이야. 고맙네."

"별말을. 다른 질문은 없나?"

"없어. 큰 도움이 되었네."

"언제든 전화하게."

나는 앨런에게 문제와 관련된 모든 배경 정보를 전달하려고 했다. 5분, 아니 10분은 족히 걸렸을 것이다. 하지만 사실상 그 대부분은 불필요한 내용이었다. 그저 전화를 걸어 이렇게 말하면 될 일이었다. "묻고 싶은 질문이 있네." 만일 앨런이 더 많은 정보를 원한다면 나한테 직접 물어볼 터였다.

당신도 이런 상황을 종종 겪어봤으리라. 상대방이 "물어볼 게 있습니다."라고 말해놓고는, 자신이 처한 복잡한 상황을 세세한 부분까지 하나하나 설명하느라 10분쯤 소모하는 상황 말이다. 상대방이 문제의 진짜 핵심에 초점을 맞추도록 이끌라. 그래야 당신과 상대방 모두 고생을 덜 수 있다. 이렇게 물어보면 된다. "하고 싶은 질문이 무엇입니까?"

이 질문은 상대방에게 문제의 본질을 명확히 일깨운다. 아침 안개를 뚫고 비치는 눈부신 노란색 햇살처럼 말이다.

▲ ▲ ▲

상대방이 당신에게 조언을 구하고자 하면서 모호한 태도를 취하거나 지나치게 많은 배경 설명을 늘어놓기 시작한다면, 이 질문을 던져라.
"당신이 묻고 싶은 질문이 무엇입니까?"

▼ ▼ ▼

"당신이 묻고 싶은 질문이 무엇입니까?"

이것은 어려운 질문이지만 동시에 유용한 질문이다. 사람들은 이 질문을 불편해할 것이다. 때로는 몹시. 하지만 반드시 필요한 질문이다.

상대방이 당신에게 조언을 구하거나 또는 자기 생각에 대한 당신의 의견을 알고 싶어할 때, 당신은 이 질문을 이용해 큰 도움을 줄 수 있다. 이 질문은 상대방이 생각을 명료하게 정리하도록 만든다. 문제의 핵심이 무엇인지, 그들에게 진정 필요한 조언이 무엇인지 분명하게 인식하기 위한 첫걸음을 뗄 수 있도록 돕는다.

또한 이 질문을 이용하면 둘러대며 뜸 들이는 태도를 걷어낼 수 있다. 진정성 있는 대화에 더 빨리 도달할 수 있다는 얘기다.

언제 사용할까

- 누군가 당신에게 물어볼 것이 있다고 해놓고 질문을 던질 기미를 보이지 않을 때
- 조언을 요청받았지만, 문제 상황에 대한 설명이 너무 개괄적이어서 상대방이 어떤 점에 대한 조언을 원하는 것인지 파악하기 힘들 때

어떻게 사용할까

- "분명 물어볼 게 있는 듯이 보이는데…… 그게 무엇인가요?"
- "제가 당신에게 어떤 점에 대한 조언을 해주길 원합니까?"
- "여러 가지를 문제를 언급하셨는데요. 그중 당신이 고민하는 가장 중요한 문제는 무엇입니까?"

이어지는 질문

- "그 문제와 관련하여 어떤 해결책을 시도해봤습니까?"
- "당신이 취할 수 있는 선택은 어떤 것이 있습니까?"
- "가장 걱정스러운 부분은 무엇입니까?"

chapter
26

피터 드러커가
가르쳐준
다섯 가지 질문

그날은 내 인생에서 가장 흥분되고 기억에 남는 하루였다. 지금부터 들려줄 그날의 이야기는 전화 한 통에서 시작된다.

"캘리포니아 주 클레어몬트에 사는 피터 드러커의 전화번호 좀 알려주시겠어요?" 나는 장거리 전화 교환원과 통화 중이었다.

(내가 진짜로 드러커 박사와 통화할 수 있을 것이라고 믿지는 않았다. 당연히 자동응답기나 비서가 있지 않겠는가? 하지만 밑져야 본전이니 시도나 한번 해보자는 마음이었다. 나는 허먼 멜빌(Herman Melville)이 '모비딕(Moby Dick)'을 통해 했던 말을 떠올렸다. 행동하는 자는 머지않아 반드시 성공에 이르는 길을 찾는다는 말을.)

"피터 F. 드러커 말씀이세요?" 나는 그의 미들네임을 놀랐지만 클레어몬트에 피터 드러커라는 이름을 가진 사람이 그렇게 많지는 않을 것 같았다. 그래서 그 사람이 맞는다고 대답했다. 그러자 교환원이 말했다. "마르샹 거리 847번지에 사는 분이 맞습니까?"

"음…… 네. 그 사람이 제가 찾는 드러커인 것 같네요." 잠시 후 나는 수화기 너머로 피터 드러커의 목소리를 듣게 되었다. 미국에서 생활한 지 50년이 넘는데도 그의 목소리에는 아직도 억센 오스트리아 억양이 남아 있었다.

나는 그에게 집필 중인 책 때문에 전화를 걸었노라고 용건을 밝혔다. 비영리단체 이사회 멤버들이 가져야 할 열정과 헌신을 주제로 한 책이었다. 그에게서 몇 문장 정도로 이루어진 조언을 받아 내 책에 인용할 수 있으면 좋겠다고 말했다.

피터 드러커는 지금도 경영 이론 분야에서 세계 최고의 선구자로 인정받는다. 그는 저명한 저술가이자 교수, 컨설턴트였다. 현대의 기업 및 비영리단체의 경영 이론 개발에 드러커보다 더 큰 영향을 미친 인물은 없을 것이다.

나는 드러커 박사에게 비영리단체의 이사회 운영에 관한 책을 쓰고 있다고 말했다.

"기업 이사회에 대해 박사님보다 더 많은 지식을 가진 사람은 없습니다. 저는 기업 이사회와 비영리단체 이사회 사이에 중요한 유사점이 있다고 봅니다. 이 주제에 관한 박사님의 견해를 듣고 싶습니다. 제가 언제 다시 전화를 드리면 좋을까요?"

"흥미롭군요. 저도 요즘 비영리단체 이사회에 대한 책을 집필하고 있거든요. 언제 한번 저희 집을 방문해주시면 어떻겠습니까? 함께 얘기를 나눠보면 좋을 것 같습니다."

세상에, 내가 피터 드러커와 함께 토론을 하게 되다니!

"일요일에 클레어몬트로 와주실 수 있습니까?" 나는 그의 제안에 뛸 듯이 기뻤다. 어쨌든 클레어몬트까지는 고작 4800킬로미터밖에 되지 않으니까! 우리는 그로부터 3주 후 일요일에 만나기로 약속했다.

니는 캘리포니아 주의 온타리오 공항에 도착해 차를 빌린 뒤 마르샹 거리로 향했다. 그리고 정각 9시에 수수해 보이는 그의 집 앞에 도착해 초인종을 눌렀다.

드러커 박사는 평범한 격자무늬 셔츠 차림으로 나를 맞이했다.

"어서 오십시오. 만나 뵙길 기대하고 있었습니다. 제 아내가 커피를 준비해놓았어요. 주방으로 가서 얘기를 나눕시다."

나는 종일토록 나의 영웅과 함께 있었다. 최선을 다해 번개같이 손을 놀리며 그의 말을 받아 적었다. 수첩 두 권을 빼곡히 채우는 분량이었다. 그로부터 몇 달 후 우리는 다시 오후 시간을 함께 보냈다. 그날 만나게 된 상황에 대해선 다음 기회에 설명하겠다.

우리가 가장 중점적으로 토의한 내용은 드러커 박사가 '다섯 가지 중요한 질문'이라고 부르는 것이었다. 유감스럽게도 나는 그날 네 가지밖에 적어두지 못했다.

그의 존재감 자체에 압도되어 귀를 기울이던 나는 부스럭거리면서 그의 이야기를 중간에 방해하고 싶지가 않았다. 다행히도 다섯 번째가 무엇이었는지는 나중에 떠올릴 수 있었다. 그게 무엇이었는지 잠시 후 알려주겠다.

그가 말했다. "이사회가 반드시 고민해야 할 다섯 가지 질문이 있습니다. 성공한 조직이 되려면 이 질문들에 대해 반드시 사려 깊고 명확한 대답을 할 수 있어야 합니다. 그게 무엇인지 하나씩 차근차근 알려드리지요."

(잠깐, 당신에게도 당부하고 싶다. 이 질문들은 당신의 개인적 삶에서도 똑같이 중요하다. 당신 '개인'에게 이 질문들이 얼마나 큰 의미와 가치를 지니는지 곧 설명할 것이다.)

첫째, 드러커는 '조직의 사명이 무엇인가'를 고민해야 한다고 말했다. 나는 우리가 개인적인 사명 선언문을 갖는 것 역시 중요하다고 믿는다. 그리고 나 역시도 이것을 실천에 옮겼다. 이는 힘든 과제일 수도 있다.

당신의 사명 선언문을 작성하며 다음 질문에 대답해보라. 나는 누구인가? 내가 가장 중요하게 여기는 가치는 무엇인가? 나는 무엇을 지지하는가? 인생에서 성취하고자 하는 목표는 무엇인가? 가장 가까운 주변 사람들을 어떻게 대해야 하는가? 나는 어떤 대접을 받고 싶은가? 내 인생의 목적은 무엇인가?

곰곰이 생각해보라. 그리고 그 답을 적어보라. 사명 선언문은 당신의 정체성을 정의하고, 그 정의를 '선언'하고, 그 선언에 부합하는 삶을 '사는' 데 도움이 된다.

당신만의 사명 선언문을 완성하고 나면 당신이 삶을 살아가는 이유를 분명히 깨달을 수 있을 것이다. 헤밍웨이는 이렇게 썼다. "자신의 사명을 글로 적고 나면, 당신이 스스로에 대해 알고 있다고 생각한 모든 것들이 벗겨져 나간다." 다른 것은 몰라도 사명 선언문만큼은 반드시 작성하라. 어서 당신을 겹겹이 둘러싸고 있는 껍질을 벗겨내야 한다.

둘째, 드러커는 '우리의 고객이 누구인가'를 분명히 알고 있어야 한다고 강조했다. 개인의 차원에서 이는 당신이 함께 시간을 보내고 싶은 사람들을 분명히 정의해야 한다는 의미이다. 당신은 어떤 종류의 사람들과 관계를 맺고 싶은가? 그들은 당신이 추구하는 가치와 관심을 공유하는가? 그들은 당신의 에너지를 채워주고 삶의 의욕을 자극하는가?

드러커가 말한 세 번째 질문은 '고객이 무엇을 가치 있게 여기는가?'였다. 개인적 차원에서 이 질문은 친구, 가족, 동료들이 무엇을 중요하게 여기는지를 당신이 알아야 한다는 의미다. 그들의 목표와 우선순위는 무엇인가? 당신과의 관계에서 그들이 소중하게 여기는 부분은 무엇인가?

마야 앤젤루(Maya Angelou)는 말했다. "사람들은 당신에게 들은 말을 잊을 것이다. 그들은 심지어 당신이 자신들에게 한 행동도 잊어버릴 것이다. 하지만 당신 때문에 경험한 감정은 절대로 잊지 않는다."

내가 마지막으로 받아 적은 질문은 이것이다. "어떤 결과를 예상하는가?" 개인적 차원에서는 결과 대신에 '기대'라는 말로 바꾸어 해석할 수 있다.

당신의 주변 사람들은 당신이 어떤 성과를 기대하는지 분명하게 아는가? 자녀가 있다면, 그 아이들은 당신이 기대하는 바를 알고 있는가? 배우자나 직장 상사의 경우는 어떤가? 부하직원이나 동료들은? 또 당신은 그들이 '당신'에게 무엇을 기대하는지 알고 있는가? 그들에게 무엇이 필요한지 물어본 적이 있는가?

마지막이자 다섯 번째 질문은 원래 필기를 놓쳤던 부분이다. 내 인생에서 가장 흥분되고 고무적인 하루가 끝나가던 즈음에 드러커가 다섯 번째를 설명해서 그랬던 것 같다. 내 머릿속은 온통 새로운 아이디어와 흥분으로 뒤죽박죽이었기 때문이다.

마지막 질문은 이것이다. "당신의 계획은 무엇인가?" 이는 조직뿐만 아니라 개인의 삶에도 동일하게 적용할 수 있는 질문이다. 드러커의 네 가지 질문을 떠올려 보자. 당신은 지지하는 가치, 즉 사명을 분명하게 정리했다. 당신은 인간관계를 맺고 싶은 사람들을 명확하게 정리했다. 또 주변 사람들이 가치 있고 중요하게 여기는 것을 진심으로 이해하기 위해 노력했다. 그들이 당신에게 기대하는 것, 당신이 그들에게 기대하는 것도 파악했다.

마지막 단계는 당신의 계획을 명확히 하는 것이다. 당신이 원하는 방향으로 나아갈 수 있도록 단기적, 중기적, 장기적 실천 방안을 확인해야 한다. 계획을 세우지 않는다면 엉뚱한 곳을 방황하게 될 것이다. 혹은 아무 곳에도 이르지 못할 것이다.

이제 피터 드러커가 가장 중요하게 여기는 다섯 가지 질문을 모두 살펴보았다. 이는 책 저술가가 제시할 수 있는 가장 중요한 인생 검토 기준이라 해도 과언이 아니리라. 이 질문들을 삶의 등대로 삼고 앞으로 나아가라. 또 주변 사람들에게도 이 질문을 던져보길 바란다. 가급적이면 자주 말이다.

헬렌 켈러(Helen Keller)가 한 말을 가슴에 새겨라. "인생은 대담한 모험이다." 지금 당장 당신의 사명 선언문부터 작성하라.

핵심에 이르기 위한 자기 자신과의 싸움에 도전하라. 스스로에게, 그리고 다른 사람들에게, 피터 드러커가 얘기한 사명, 인간관계, 가치, 기대, 계획에 관한 다섯 가지 질문을 던져라.

피터 드러커의 다섯 가지 질문을 개인의 삶에 활용하는 법

1 당신의 사명은 무엇인가?
2 당신이 유지하고 싶은 가장 중요한 인간관계는 어떤 것인가? 그들은 당신이 추구하는 가치와 관심을 공유하는가?
3 가장 가까운 사람들의 우선순위와 목표는 무엇인가?

4 당신은 주변 사람들에게 무엇을 기대하는가? 그들은 당신에게 무엇을 기대하는가?

5 당신의 계획은 무엇인가?

위대한 경영 구루 피터 드러커는 고객들에게 사명, 고객, 가치, 결과, 계획에 초점을 맞춘 다섯 가지 질문을 던지곤 했다. 그의 고객 명단에는 대기업도 있지만 미국 적십자사나 걸스카우트 같은 주요 비영리단체들도 있었다. 드러커가 질문을 던지면 최고의 자신감을 자랑하는 CEO들조차 동요하곤 했다.

이제 이 질문들을 당신의 인생으로 끌고 들어가라. 이 질문들을 활용하여 자아성찰에 도전해보라. 보이지 않던 부분을 숨김없이 밖으로 끄집어내라. 강의 수위를 낮추어 수면 밑에 무엇이 있는지, 겉으로 드러난 인생의 강바닥에 무엇이 존재하는지 확인하는 시간을 가져라. 우연에 이끌려 다니고 싶은가? 아니면 의식적이고 계획적인 선택에 의해 움직일 것인가?

다른 사람을 지도하거나 멘토링을 제공할 때 이 질문들을 활용하라. 또는 다섯 가지 질문 중 상황에 맞는 한 가지 질문을 골라서 이용해보라. 누군가가 중요한 인간관계를 시작하려 할 때 이렇게 물어보라. "당신은 상대방이 가장 중요하게 생각하는 목표와 우선순위를 알고 있습니까?"

리더의 위치에 있는 사람(조직의 리더나 부모 등)에게는 이런 질문을 던져보라. "당신이 다른 사람들에게 기대하는 바를 그들이 알고 있습니까? 그런 내용을 서로 얘기해본 적이 있습니까?"

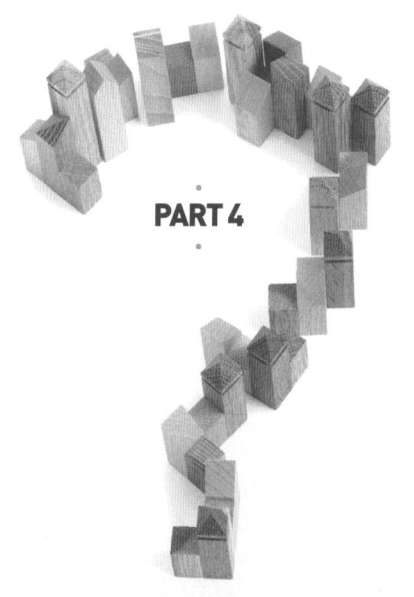

PART 4

회의 테이블을 지배하는 승자의 질문들

chapter
27

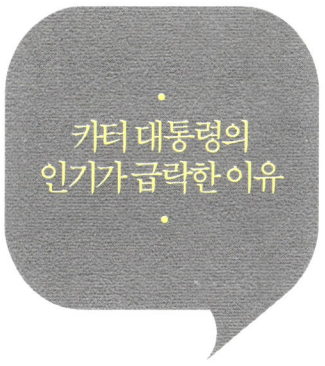
카터 대통령의
인기가 급락한 이유

 딘 카멘(Dean Kamen)은 비상한 발명가다. 100개 이상의 특허를 보유한 그는 인슐린 펌프, 이동용 신장 투석기, 전기 휠체어를 비롯해 수십 가지의 혁신적인 기기를 개발했다. 자금력 탄탄하고 뛰어난 여러 벤처 투자가가 그를 지원하고 있다. 그의 실적은 실로 타의 추종을 불허한다.
 2001년 12월, 카멘은 전 세계 이동수단에 일대 혁신을 몰고 올 것이라고 자신하는 새로운 제품을 발표했다. 10년간 철저하게 비밀리에 진행해온 프로젝트였다.
 그것은 바로 배터리로 움직이는 개인용 이동기기 세그웨이

(Segway)였다. 시장 규모는? 60억 명. 카멘의 작품은 대대적인 광고와 함께 출시되었다. 출시를 앞두고 〈뉴스위크(Newsweek)〉는 세그웨이가 금세기의 가장 중요한 발명품 중 하나가 될 것이라고 전망했다.

카멘은 1년 이내에 자신의 신축 공장에서 일주일에 1만 대의 세그웨이를 생산하게 될 것이라고 주장했다. 가격은 대당 약 5000달러. 〈와이어드(Wired)〉는 카멘이 '페덱스(FedEx)나 아메리칸 익스프레스(American Express) 같은 기업의 중역들은 이 첨단 슈퍼쿠터를 보고서 그동안 이런 이동수단 없이 어떻게 지낼 수 있었는지 의아해할 것'이라고 말했다고 전했다.

하지만 공장에서 실제로 출하한 물량은 일주일에 1만 대가 아니라 불과 10대였다. 10년 뒤 판매 실적은 예상했던 수천만 대가 아니라 5만 대에 불과했다.

당신은 세그웨이를 타고 출근하거나 등교하는가? 그렇지 않을 것이다. 이미 승용차와 버스, 기차가 있고, 무엇보다도, 짱짱한 두 다리가 있지 않은가? 몸을 꼿꼿이 세우고 타는 전동 스쿠터의 필요성을 느낀 사람은 별로 없었다. 개인이든, 기업이든, 정부든 말이다.

세그웨이는 구매자의 구매 여부를 좌우하는 첫 번째 질문에 대해 '그렇다'라는 긍정의 대답을 할 수 없었다. "구매자가 제품이 다룰 수 있는 중요한 문제나 기회를 갖고 있는가?"

필요성을 못 느낀다? 그러면 판매는 불가능하다.

지금으로부터 약 35년 전인 1977년 4월 17일, 지미 카터(Jimmy Carter) 대통령의 모습이 텔레비전을 통해 전국에 방송되었다. 그는 에너지 위기에 관한 중대한 연설을 하고 있었다.

카터는 중동 국가들 때문에 유가가 상승했다고 설명했다. 미국은 해외 석유에 대한 의존도가 위험할 만큼 높은 상태였다. 그는 미국 국민들에게 희생과 절약을 요구했다. 주먹을 불끈 쥐며 '현 상황이 도덕적 의미에서의 전쟁과 다름없다'고 선언했다.

에너지 위기에 관한 카터의 주장은 옳았다. 그는 시대를 앞선 통찰력을 갖고 있었다. 하지만 연설 이후 그의 인기도는 급락했다. 대중은 그의 메시지와 간청을 받아들이지 않았다. 심지어 어떤 이들은 그를 조롱하기까지 했다. 왜 그랬을까?

1977년 당시 미국인들은 자신에게 에너지 문제에 대한 책임이 있다고 느끼지 못했다. 해외의 원유 생산국들과 거대 에너지 회사들과 대기업들 때문에 에너지 문제가 발생했다고 생각했다. 미국인들로서는 자신과 '직접 관련된' 문제가 아니었던 것이다.

대중이 카터 대통령의 에너지 프로그램을 거부한 이유는, 그가 구매자(수용자)의 구매(수용) 여부를 좌우하는 두 번째 질문에 대해 '그렇다'라는 긍정의 대답을 할 수 없는 상황이었기 때문이다. "구매자가 문제에 대한 주인의식이 있는가?" 구매자가 행동을 취할 수 있어야 하고 책임감을 느껴야 한다. 조직의 경우라면, 구매자가 문제에 대처할 수 있는 권한을 부여받아야 한다.

책임감과 주인의식이 없다? 그러면 아이디어 판매는 불가능하다.

카터 대통령의 재임 기간이던 1970년대에 하이파이(hi-fi) 혁명이 전국의 거실을 휩쓸었다. 트랜지스터와 통합 마이크로칩의 개발은 차세대 스테레오 장비를 위한 토대를 마련해주었다. 보스(Bose)를 비롯한 스피커 회사들은 음감을 크게 개선한 고성능 스피커를 앞다퉈 내놓기 시작했다.

소비자들은 이런 발전을 두 팔 벌려 반겼다. 머지않아 대학 기숙사에도 뛰어난 음질을 구현하는 턴테이블과 앰프, 스피커가 설치되었다. 이처럼 음질이 크게 향상되자 이전 세대의 장비들은 외면받기 시작했다.

이제 스테레오 마니아들은 상당히 만족스러운 음악 감상을 경험하기 시작했다.

그때 누군가가 4채널 입체 음향이라는 기발한 아이디어를 생각해냈다. 두 개의 스피커가 아니라, 각각의 음향 채널을 가진 네 개의 스피커를 사용하는 것이었다. 기존 스테레오가 라이브 공연과 같은 느낌을 줬다면, 4채널 입체 음향은 무대 중앙에 앉아 네 방향에 있는 연주자들에 둘러싸인 듯한 느낌을 재현했다. 와우!

하지만 4채널 입체 음향 시스템은 엄청난 실패를 맛보았다. 우선 너무 비쌌다. 음반 녹음에서 이 방식을 활용할 수 있는 경우도 거의 없었다. 무엇보다 중요한 점은 소비자들이 이미 충분히 수준이 높아진 스테레오 장비에 크게 만족하고 있었다는 사실이다. 4채널 입체 음향 시스템은 에드셀(Edsel) 자동차나 3D 안경과 마찬가지로 쓰레기통으로 향하는 신세가 됐다.

4채널 방식은 구매자의 구매 여부를 좌우하는 세 번째 질문에 대해 '그렇다'라는 긍정의 대답을 할 수 없었다. "구매자가 기존 제품에 대해 또는 기존 제품의 개선 속도에 대해 커다란 불만을 느끼고 있는가?"

불만이 없다? 그러면 판매는 불가능하다.

2005년 두바이 포츠 월드(Dubai Ports World)가 영국 회사 P&O를 인수하려고 했던 사례는 구매자(수용자. 내용상 '미국'을 의미)가 구매(수용) 여부를 결정하는 데 필수적인 네 번째 조건이 충족되지 않았을 때 일어나는 위험을 보여준다. 그 조건은 바로 해당 일을 맡길 적임자라는 '신뢰'를 느끼는 것이다.

두바이 포츠 월드는 아랍에미리트에 속하는 두바이 정부가 소유한 기업이다. P&O는 미국의 주요 항구 22곳에 대한 항만 운영권을 갖고 있었다. P&O는 미국 기업은 아니었지만 그들이 미국의 중요한 국가 자산인 항만을 운영하는 것에 대해 미국인들 아무도 이의를 제기하지 않았다. 이 기업의 지분 대부분은 영국인이 소유했고, 영국은 미국의 확실한 우방국이었기 때문이다. 하지만 두바이 포츠 월드라면 얘기가 달랐다.

정치인들은 P&O가 두바이 포츠 월드에 넘어갈 경우 많은 미국 항구들이 (비록 간접적인 방식이라 할지라도) 중동 정부의 관리를 받게 되리라는 사실을 금세 간파했다. 이 인수 건은 맹렬한 공격을 받기 시작했다. 테러리스트들이 미국에 잠입할 것이라는 공포 분위기까지 생겨났다. 두바이 포츠 월드가 미국 항만 관리를 하게 되면 국가 안보에 막대한 리스크가 생겨난다는 주장이 제기되었다. 미 의회는 인수 계약 체결을 저지하겠다고 강경하게 나섰다. 이것은 의회의 뜨거운 쟁점 사안이 되었다.

엄청난 압력을 받은 두바이 포츠 월드는 결국 P&O의 미국 항만 관리 사업권을 한 미국 업체에 넘겼다.

두바이 포츠 월드는 구매자의 구매 여부를 좌우하는 네 번째 질문에 대해 '그렇다' 라는 긍정의 대답을 할 수 없었다. "구매자가 당신이 해당 일을 맡을 적임자라는 신뢰를 가질 수 있는가?"

신뢰가 없다? 그러면 판매는 불가능하다.

상황이 어떠하든 간에, 만일 당신이 누군가에게 뭔가를 판매하려고 한다면 이 네 가지 조건을 충족시켜야 한다. 기업에 서비스를 판매하려고 할 때이든, 또는 상사에게 새로운 기획 제안서를 발표할 때이든 말이다.

판매가 정체되었을 때는 다음과 같이 물어야 한다.

"구매자가 제품이 다룰 수 있는 중요한 문제나 기회를 갖고 있는가?" (문제가 있다고 생각하지도 않는데 무슨 이유로 당신을 고용할 것이며, 니즈를 충족시켜주지도 않을 제품을 무엇 때문에 사겠는가?)

"구매자가 문제에 대한 주인의식이 있는가?" (그들이 행동을 취할 수 있는가? 그들이 책임감을 느끼는가? 그렇지 않다면, 당신은 헛된 시도를 하고 있는 것이다.)

"구매자가 기존 제품에 대해 또는 기존 제품의 개선 속도에 대해 커다란 불만을 느끼고 있는가?"(사람들은 기존 제품의 성과와 자신이 원하는 수준 사이에 차이가 있을 때만 구매를 한다.)

"구매자가 당신이 해당 일을 맡을 적임자라는 신뢰를 갖고 있는가?"(나한테 해결하고 싶은 문제가 있고, 그 문제에 대한 주인의식도 있고, 행동을 취할 수 있는 권한도 있고, 현재 제품에 커다란 불만을 느낄 수도 있다. 하지만 내가 '당신'이나 '당신의 회사'를 적임자라고 느끼지 못하면, 결국 판매는 이루어지지 않는 법이다.)

무언가를 판매하고 싶다면, 이 네 가지 조건을 충족하는지 판단해야 한다. 이 책의 끝부분에는 잠재적 구매자에게 던질 수 있는 또 다른 질문들을 실어놓았다. 각 조건들에 대한 답이 '예'인지 '아니요'인지 판단하는 데 도움이 될 것이다.

▲ ▲ ▲

서비스이든 제품이든 또는 아이디어이든, 무언가를 판매하려면 제한된 시간과 자원을 투자해야 한다. 여기에는 의지와 전념하는 태도가 필요하다. 에너지를 쏟아가며 판매를 성공시키려고 애쓰기 전에 먼저 이렇게 물어라. **"그들이 구매할 준비가 되어 있는가?"**

▼ ▼ ▼

"그들이 구매할 준비가 되어 있는가?"

이런 말을 들어본 적이 있을 것이다. "아무리 설득해도 소용이 없어. 저들은 내가 제안하는 걸 도무지 받아들이려고 들질 않아!"

사람들이 뭔가를 구매할 준비가 되어 있다면 즐거운 마음으로 구매한다. 그들은 당신에게 먼저 다가오고 거래를 즐긴다. 하지만 네 가지 조건이 충족되지 않은 경우, 당신의 제품이나 서비스, 아이디어를 사지 않을 것이다.

조건 1. 문제 혹은 기회가 있는가? 다음과 같이 질문하라.
"이 문제 때문에 당신에게 어떤 손실이 발생합니까?"
"이 문제를 해결하지 않으면 어떤 결과가 초래됩니까?"
"이 기회가 얼마나 큰 가치가 있다고 생각합니까?"
"이것이 당신에게 가장 중요한 일 중 하나에 속합니까?"

조건 2. 상대방에게 문제에 대한 '주인의식'이 있는가? 다음과 같이 질문하라.
"이 문제와 직접 연관된 사람은 누구입니까?"
"당신이 이것을 해결할 책임이 있습니까?"
"이것을 해결하는 데 드는 비용은 누가 승인합니까?"
"이 문제를 해결하는 데 누가 참여해야 합니까?"

조건 3. 구매자가 기존 제품에 대해 또는 기존 제품의 개선 속도에

대해 커다란 불만을 느끼는가? 다음과 같이 질문하라.

"이 문제는 사소한 것입니까 아니면 더 이상 참을 수 없는 것입니까?"

"빠져 있는 게 있다면 무엇입니까?"

"이 문제에 추가적인 자원을 투입해야 할 시점이 왜 지금이라고 생각합니까?"

"이 문제를 해결하려고 노력을 기울여서 얼마나 효과를 보았습니까?"

조건 4. 구매자가 당신에게 신뢰를 느끼며 당신을 택하는 것이 최선이라고 생각하는가? 다음과 같이 질문하라.

"다른 해결책으로는 어떤 것을 고려하고 있습니까?"

"이 분야에서 우리의 역량에 대해 어떻게 생각하십니까?"

"우리에 대해 또는 우리의 접근법과 관련해 어떤 점을 우려하십니까?"

chapter 28

'그냥'이라는 말의
적신호

오랜 세월 사람들의 문제 해결을 도와주면서 나는 한 가지 사실을 깨달았다. 상대방에게 공감하면서 귀를 기울이면 내가 진심으로 관심을 갖고 있음을 상대방이 느낀다는 사실이다. 그리고 내가 관심을 갖고 있다고 상대방이 느껴야만 그 사람과 진정한 관계를 맺을 수 있다.

나는 라이프헬스(Life Health)의 CEO 릭 하버(Rick Haber)와 함께 앉아 있었다. 라이프헬스는 20억 달러 규모의 의료서비스 회사이며, 나는 그에게 한 달에 한 번씩 코칭을 제공하고 있었다.

라이프헬스는 대규모 비영리 의료센터이다. 라이프헬스가 속한 지역에 있는 다른 유일한 병원은 세인트 프랜시스(St. Frances)이다. 세인트 프랜시스는 라이프헬스보다 규모가 훨씬 작고 도시의 가장 부유한 동네에 위치했다.

"저는 세인트 프랜시스의 인수를 강력하게 추진하고 있습니다." 하버가 말했다. "그 병원은 이 지역에서 가장 큰 심장치료 프로그램과 수십 명의 최고 심장 전문의를 보유하고 있지요. 그들을 우리 쪽으로 흡수해야겠습니다. 심장 분야는 우리가 공백을 지닌 유일한 분야입니다. 필요하다면 병원 전체를 인수할 겁니다."

"무슨 얘긴지 알겠어요, 릭. 당신은 야심 있는 분이죠. 당신의 추진력과 끈기 덕분에 라이프헬스가 이 지역에서 시장 리더가 되었습니다. 그런데 한 가지만 묻겠습니다." 나는 그에게 이렇게 물었다. "라이프헬스가 추구하는 사명이 무엇이죠?"

"간단합니다. 우리의 사명에 대해선 직원들에게 늘 얘기하지요. 우리의 사명은 건강 관리 및 질병 예방을 돕는 가장 효과적인 프로그램을 제공하고, 배려와 열의가 가득 담긴 치료를 최대한 낮은 가격에 제공하는 것입니다." 나는 잠시 말을 멈추고 생각에 잠겼다. 그리고 릭에게 물었다. "세인트 프랜시스 인수가 당신 병원의 사명 또는 핵심 목표에 어떤 식으로 부합합니까?"

"글쎄요……." 릭이 입을 열더니 잠시 머뭇거렸.

"글쎄요, 그냥 저는 붙잡을 수 있는 기회를 발견한 겁니다. 아시다시피 제가 굉장히 저돌적인 스타일이잖아요." 내 귀가 쫑긋했다.

'그냥'이라는 단어를 들을 때마다 내 마음속에서는 경보기가 울린다. (자기 자신 안에 갇혀 있는 사람은 별 볼일 없다던 해리 에머슨 포즈딕(Harry Emerson Fosdick)의 말이 떠오른다.)

"릭, 세인트 프랜시스 심장 전문병원을 인수하는 것이 당신 병원의 사명과 부합한다고 사명 선언문 어디에 쓰여 있나요? 당신은 세인트 프랜시스를 망치게 될 겁니다. 결국 그 병원은 무너지고 말 거예요."

"그게 무슨 얘깁니까?"

"저는 얘기가 아니라 '질문'을 하고 있는 겁니다."

그러고 나서 나는 아무 말 없이 침묵을 지켰다. 월드시리즈를 보다가 나올 법한 침묵이었다. 원정팀이 첫 이닝에서 8득점을 했을 때처럼 말이다.

나는 다시 물었다. "릭, 저는 지금 당신의 사명이 무엇인지, 그리고 세인트 프랜시스 인수가 그 사명의 실현에 기여하는지 묻고 있습니다. 인수 계획이 당신이 믿는 가치에 부합합니까?"

릭은 굳이 대답을 할 필요가 없었다. 표정에 이미 대답이 드러났으니까. 릭은 세인트 프랜시스의 심장 프로그램을 인수하는 것이 라이프헬스의 사명과 아무 관련이 없다는 사실을 깨달았다. 또 심장 프로그램이 없어도 라이프헬스가 여전히 시장을 지배할 것이라는 사실도 깨달았다.

나는 이렇게 덧붙였다. "릭, 무조건 더 커진다고 좋은 게 아니잖아요? 내실을 키우는 게 더 좋은 겁니다."

▲ ▲ ▲

사명이 모든 것이다. 그것이 진정한 길잡이별이다. 누군가가 큰 움직임을 시도하거나 중차대한 결정을 내릴 때, 그것이 그의 정체성에 부합하는지 확인하라. 이렇게 물어라. "이것이 당신의 사명과 목표를 실현하는 데에 어떤 기여를 합니까?"

▼ ▼ ▼

질문 사용법

"이것이 당신의 사명과 목표를 실현하는 데에 어떤 기여를 합니까?"
사명과 목표는 우리의 정체성과 우리가 지향하는 바를 말해주는 핵심이다. 조직에서든 개인적 삶의 차원에서든 마찬가지다. 하지만 우리는 사명과 목표에서 멀어질 때가 많다. 일상의 삶에 정신없이 몰두하다 보면 나무를 쳐다보느라 숲을 놓치고 만다. 우리는 성취물이나 부, 권력, 명예에 대한 갈망을 채워주는 것들에 쉽게 빠지기 때문이다. 하지만 그런 것들은 우리의 마음과 영혼을 성숙시키지는 못한다.

언제 사용할까
- 상대방이 자신의 핵심 사명과 일치하지 않는 일을 할 때
- 상대방이 새로운 목표에 많은 돈과 자원을 쏟기로 결정할 때

- 상대방이 진정한 사명과 목표를 충분히 숙고해보지 않았다고 생각될 때

어떻게 사용할까
- "당신이 사명과 목표가 무엇인지 다시 설명해주시겠어요?"
- "이것이 당신의 가치관이나 신념에 부합합니까?"

이어지는 질문
- "왜 그렇게 하려는 거죠?" 또는 "왜 그것을 하지 않으려는 거죠?"
- "당신의 사명에 걸맞은 다른 중요한 아이디어나 계획을 갖고 있습니까?"

chapter
29

하버드 MBA에서는
소크라테스 질문법을
가르친다

이렇게 상상해보라. 당신은 자유를 박탈당했다. 더 이상 따뜻한 햇살을 느낄 수가 없다. 편안하고 안락한 집도 사라졌다.

그 대신 당신은 칠흑 같은 동굴 속에 산다. 기분 나쁠 만큼 어둡고 축축하다. 온도는 약 10도 위로 올라가는 법이 없다.

콜리지(Coleridge)가 말한 '불신의 자발적인 유보'를 잠시 동안 실천하여 당신이 정말로 그런 동굴 속에 있다고 믿어보라.

당신은 평생 동굴 속에 쇠사슬로 묶인 채 안쪽 벽만 바라보고 있다. 당신 뒤에는 모닥불이 활활 타고 있어서 동굴 벽에 빛을 비춘다. 하지만 당신은 쇠사슬에 단단히 묶여 있어서 몸을 뒤로 돌려 불빛의 출처를 확인할 수가 없다. 앞쪽에 있는 벽만 볼 수 있을 뿐이다.

당신은 뒤에 있는 모닥불 앞으로 지나가는 사람과 사물에 의해 동굴 벽에 투영되는 그림자를 보며 하루하루를 보낸다. 그림자는 춤을 추며 아른거린다. 당신은 그림자에 의미를 부여하고 그 움직임을 해석하려고 한다. 누가 그림자를 비추는지 추측해본다. 어두운 동굴의 한쪽 구석에서 외부 세계의 현실을 가늠할 수 있는 유일한 방법은 그림자를 통하는 것뿐이다.

당신은 이런 그림자를 바탕으로 인생에 대한 어떤 결론을 도출하게 될까? 당신은 실체가 아니라 동굴 벽에 비친 현실의 그림자만 볼 수 있을 뿐이다. 당신은 당신의 지각 능력이 얼마나 형편없는지 알고 있는가? 동굴 안에 묶인 채 실제 세상을 얼마나 협소하게 이해하고 있는지 당신은 알고 있는가?

이것은 단지 괴상하고 섬뜩한 가상 시나리오일까? 인생에 대한 우리의 이해가 얼마나 제한되어 있는지 보여주는 정확한 비유는 아닐까?

고대 그리스의 철학자 소크라테스는 이를 '동굴의 비유'라고 불렀다. 플라톤의 《대화편》에 나오는 이야기다. 《대화편》은 플라톤과 그의 스승 소크라테스가 나눈 일련의 대화들로 이루어져 있다. 소크라테스는 동굴에서 벗어나 진정한 현실을 보는 사람이 철학자라고 말했다.

어떤 의미에서 보면 '파워 퀘스천'은 우리가 세상의 불분명한 그림자 대신에 진정한 현실을 보도록 이끌어주는 도구다. 배우자가 자녀와 있었던 일을 당신에게 설명한다고 치자. 그 이야기가 객관적일까? 직장 동료가 당신이 잘 모르는 분야의 투자 제안서를 제시한다고 하자. 그의 판단은 얼마나 정확할까?

두 경우 모두 당신은 그림자만 볼 뿐이다. 상대방이 당신에게 이미 일어난 일 혹은 앞으로 일어날 일을 전할 때 상대방은 여과되고 편향된 시각을 제시하는 것뿐이다.

우리는 본질적으로 소크라테스의 '동굴의 비유'에서 쇠사슬로 묶여 있는 포로와 다름없다. 우리는 여과기를 통과한 이후의 현실을 경험한다.

소크라테스는 고대 그리스의 인물이다. 그는 답을 바꾸는 질문을 활용할 줄 아는 대가였다. 그는 강의와 훈계를 하지 않고, 그 대신 사고를 자극하는 심오한 질문을 던지는 방식으로 제자들을 가르쳤다. 그런 질문을 통해 제자들을 학습으로 이끌었으며, 그들이 마음속에 품은 가정을 바깥으로 드러냈다. 소크라테스는 천천히, 하지만 확실하게 문제의 핵심에 다가갔다.

소크라테스는 수업을 시작할 때 이런 질문을 던졌다. "덕이란 무엇인가?" "선한 것이란 무엇인가?" 우리도 이런 단어를 흔히 사용한다. 하지만 그 말의 의미를 제대로 알고 있을까? 오늘날 전 세계 수많은 대학에서 '소크라테스식 방법'을 이용해 학생을 가르친다. 이 방법을 활용하는 대표적인 곳은 하버드 경영대학원이다.

소크라테스는 이렇게 말했다. "인간의 탁월함을 가장 훌륭하게 드러내는 방식은 자신과 타인에게 질문을 던지는 것이다."

소크라테스는 아테네의 사회와 정부를 신랄하게 비판했으며, 지배층을 공격했다는 죄목으로 결국 사형 선고를 받았다. 그는 조금의 흔들림도 없이 독배를 마셨다. 독이 서서히 퍼져 심장에 이르자 결국 사망했지만, 그는 역사상 가장 위대한 철학자들 중 한 명이라는 불후의 명성을 남겼다.

지금도 자주 인용되는 소크라테스의 말. "반성하지 않는 삶은 살 가치가 없다." 소크라테스야말로 자신이 한 말에 부합하는 삶을 살다 갔다.

당신도 일상과 직장에서 소크라테스식 방법을 활용하여 긍정적인 효과를 창출할 수 있다. 어떻게 하면 소크라테스와 비슷해질 수 있을까?

첫째, 진술이나 확언, 명령을 하기보다는 질문을 던져라. 아래처럼 화살표 앞의 말을 하는 대신, 화살표 뒤와 같이 질문을 던져라.

"고객 서비스를 개선해야 합니다!" → "요즘 우리의 고객 서비스 수준이 어떻다고 생각합니까?" 또는 "우리의 서비스가 고객 유지에 어떤 영향을 주고 있습니까?"

"이번 여름에 일자리를 못 구하면 용돈은 없는 줄 알아라." → "이번 여름은 뭘 하면서 보내고 싶니?" 또는 "구직 활동은 어떻게 돼가고 있는지 궁금하구나. 어디어디를 고려하고 있는 중이니?"

"당신이 걸핏하면 화내는 거, 나도 이제 더는 못 참겠어." → "당신이 화를 내면 주변 사람들과의 관계에 어떤 영향을 미치는 것 같아?"

둘째, 남들이 당연하게 여기는 것에 대해 '근본적인' 질문을 던져라. 상대방은 예상치 못한 그 질문에 다소 놀랄지도 모른다.

가령 직장에서 누군가가 "우리에겐 더 많은 혁신이 필요합니다."라고 말했다고 치자. 그럼 이렇게 물어라. "당신이 생각하는 혁신은 어떤 것입니까?" 팀워크가 더 필요하다는 얘기가 나올 경우, "'팀워크'라고 하면 정확히 어떤 의미로 얘기하는 겁니까?" 하고 물어라.

친구가 일과 삶이 좀 더 균형 잡혔으면 좋겠다고 말한다면 그에게 이렇게 물어라. "너에게 일과 삶의 균형이란 어떤 것이니?" 누군가가 "그 사람을 못 믿겠어."라고 말하면 이렇게 물어라. "왜 그러는데? 네가 말하는 '신뢰'란 무엇이야?"

이런 질문을 던지면 상대방을 적극적인 사고로 이끌게 되며 한층 깊고 의미 있는 대화가 가능해진다. 당신은 지혜로운 목자라는 평판을, 자기 생각을 강요하기보다는 사람들을 올바른 방향으로 이끄는 리더라는 평판을 얻게 된다.

▲ ▲ ▲

소크라테스식 방법을 택하라. 그리고 동굴 밖으로 나와라! 가정들에 물음표를 던져라. 타인이 당연하게 여기는 단어의 뜻과 정의를 다시 물어라. 질문을 던짐으로써 주변 사람들이 새로운 힘을 얻는 배움과 발견의 여정을 시작할 수 있게 도와라.

▼ ▼ ▼

**질 문
사용법**

소크라테스식 방법을 택하면 거의 모든 대화 상황에서 이전과 다른 방식으로 접근하게 된다. 다음 내용을 참고하라.

◆ 정보를 전달하는 대신, 사고를 유발하는 질문을 던져라.

◆ 전문가를 자처하며 가르치려 드는 대신, 상대방이 자신의 전문 지식을 활용해 기여하도록 이끌어라.

◆ 지식을 통제하는 대신, 상대가 자신의 경험을 끌어낼 수 있도록 도와라.

◆ 단어의 의미를 전제하는 대신, 그 단어의 의미를 물어라.

◆ 해결책을 하달하는 대신, 상대에게 해결책을 제시해달라고 요청하라.

◆ '당신'이 얼마나 똑똑한지 보여주려 들지 말고, '상대방'이 얼마나 똑똑한지 보여줘라.

◆ 분석하는 대신, 통합하여 큰 그림을 보라.

"인간사에는 고정적인 것이 없다는 사실을 기억하라. 그러므로 번성할 때 지나치게 우쭐하지 말고 역경 앞에서 지나치게 우울해하지 말라."

— 소크라테스(기원전 469~399)

chapter
30

나무가 아니라
숲을 봐야 할 때

나는 클레어와 함께 점심식사를 하러 갔다. 내 고객인 클레어는 대기업의 한 부문을 이끌고 있었다. 일찍 도착해서 그런지 식당은 거의 비어 있었다.

클레어와 나는 1년에 두세 번 만났는데, 대개는 내가 클레어의 조직에 제공하는 조언 활동과 관련된 얘기를 나누기 위해서였다. 우리의 대화는 가벼운 한담으로 시작해서, 내가 그녀의 부문에 필요한 이니셔티브들의 기획을 돕는 방식에 대한 논의로 이어졌다.

식사의 메인코스가 끝날 때쯤 마케팅 관련 대화도 슬슬 마무리되었다. 우리는 거의 항상 그랬다. 식사 내내 비즈니스 얘기만 하고 싶은 사람이 어디 있겠는가?

이제 손님들이 문 앞에 줄을 서 있고 식당 안은 거의 만석이었다. 소비자운동가 랠프 네이더(Ralph Nader)는 이런 말을 했다. "식사 접대비에 세금 공제를 해줘서는 안 된다. 나는 음식 칼로리와 기업을 분리해야 한다고 생각한다." 나는 이 말에 동의하지 않는다. 식사는 인간관계를 구축하는 효과적인 방법이다. 함께 밥을 먹으면 상대에 대해 더 호의적인 감정을 갖게 된다는 사실을 보여주는 여러 연구도 나와 있지 않은가? 식사는 중요한 비즈니스 목적을 위해 활용할 수 있다.

웨이터가 그릇을 치우는 동안 잠시 침묵이 흘렀다. 나는 대화의 주제를 바꿔보기로 했다. 그래서 이렇게 물었다. "요즘 어떻게 지내세요?"

"저야 잘 지내죠." 다시 침묵이 흘렀다. "사실 꽤나 혹독했어요."

"혹독하다니요?" (때로는 상대가 한 말의 마지막 단어나 어구를 반복해서 되묻기만 해도 더 많은 정보를 끌어낼 수 있다.)

"일단은 외부적인 책임들이 있어요. 핵심 고객이나 공급업자들을 만나는 일 같은 거요. 그리고 또 한편으론 일상적인 내부 관리 업무가 있죠. 주당 70시간을 일하는데, 원하기만 한다면 100시간까지도 늘릴 수 있을 거예요." 그녀는 한숨을 내쉬었다.

순간 나는 그녀 업무의 세부적인 부분들에 대해 묻고, 각 부분과 관련해 그녀가 얼마나 효과적으로 일하고 있는지 상세히 분석하고 싶었다. 내 안의 '문제 해결사'가 튀어나오고 싶어서 꿈틀댔다.

하지만 그 충동을 억누르고, 잠깐 숨을 돌린 다음 말했다.

"클레어, 궁금한 게 있어요…… 당신은 부문 CEO로 1년 이상 일했어요. 지금 맡고 있는 일을 생각해볼 때, 어떤 측면에 시간을 더 들이고 어떤 활동은 더 줄였으면 좋겠습니까?"

그녀는 잠시 생각에 잠겼다. 갑자기 그녀의 머릿속이 부지런히 돌아가기 시작하는 소리가 들리는 듯했다.

"흠…… 재미있는 질문이네요." 그녀는 좀 더 생각했다.

"먼저, 우리 리더십 팀에 속하는 임원들을 코칭하고 멘토링하는 데 시간을 더 들였으면 좋겠어요. 저는 그 일을 정말 좋아하거든요. 소질도 있고요. 코칭을 통해 이끌어주면 그들은 지금보다 훨씬 더 큰 역량을 발휘할 수 있어요. 둘째로, 우리는 신흥 시장들에 내놓을 더 저렴한 제품을 개발한다는 야심찬 전략을 갖고 있어요. 하지만 타깃으로 삼는 국가들 중 상당수는 아직 방문해보지도 못했어요. 그 일도 하고 싶습니다."

한 시간 후에도 우리는 여전히 테이블에 앉아 있었다. 문 앞의 줄도 사라졌고 식당 내부도 다시 거의 비었다.

나는 클레어의 우선순위들에 대해 예상보다 더 많이 알게 되었다. 그녀가 어떤 부분에 불만을 느끼는지, 앞으로 어떤 측면에 시간을 중점적으로 투자하고 싶어하는지도 알게 되었다.

몇 달 뒤, 클레어는 사업 부문의 구성을 완전히 재조직하여 자신에게 추가적인 도움을 줄 새로운 직책을 만들었다. 그 다음번에 만났을 때는 그녀에게서 일에 대한 새로운 열정이 느껴졌다. 부문 CEO로 승진한 이후 처음 목격되는 열정이었다.

처음에 나는 클레어가 맡은 일의 각 부분들을 해부하여 조금씩 개선할 수 있는 방법을 제시하고 싶은 충동을 느꼈다. 그러자면 '분석'이 필요하다. 분석은 뭔가를 해체하여 각 부분을 하나하나 평가하는 일이다. "회의 관리를 개선하라!" "더 효과적으로 권한을 위임하라!" 이렇게 외치면서 말이다. 이 방법도 도움은 됐겠지만, 아주 작은 도움이었을 것이다.

클레어에게 진정 필요한 것은 자신의 역할과 중요시하는 사항들을 완전히 새로운 시각으로 바라보는 일이었다. 그러자면 '통합'이 필요하다. 먼저 전체적인 그림을 봐야 한다. 또 개인적인 장점과 선호 대상들을 고려해야 한다. 그러기 위해서는 한 발짝 물러나서 전체적인 관점에서 자신의 일을 되돌아보게 만드는 질문을 던져야 했다.

▲ ▲ ▲

상대로 하여금 일(혹은 인생)에 대해 되돌아보며 생각하게 만들려면 이렇게 물어라. "지금 맡고 있는 일에서 어떤 측면에 시간을 더 들이고 싶습니까? 또 어떤 활동을 더 줄였으면 좋겠습니까?"

▼ ▼ ▼

"지금 맡고 있는 일에서 어떤 측면에 시간을 더 들이고 싶습니까? 또 어떤 활동을 더 줄였으면 좋겠습니까?"

우리가 시간을 사용하는 방식에 영향을 주는 요소는 여러 가지가 있다. 역사적인 사건, 타인의 요구, 주변의 반대가 가장 적은 길을 가고자 하는 경향 등등. 하지만 한 발짝 물러나면 우리는 단지 나무뿐만이 아니라 숲 전체를 볼 수 있다.

이 질문은 상대방으로 하여금 자신의 일에 대해 이야기하게 만드는 훌륭한 방법이다. 그 '일'이 회사를 운영하는 것이든 가사를 돌보는 것이든 말이다. 질문을 통해 상대방을 반성과 숙고의 길로 이끌면 그 사람은 결국 새롭고도 즐거운 변화를 경험하게 될 것이다.

언제 사용할까

- 상대로 하여금 조직 내에서의 위치와 역할에 대해 이야기하도록 이끌 때
- 특히 해당 직책을 맡은 지 1년, 3년 하는 식으로 특정 시점이 되었을 때 물어보면 좋다.
- 친구, 동료, 가족의 삶에 대해 물어보면서 그들이 자신의 시간을 재배분하는 방법을 생각해보도록 돕고 싶을 때

어떻게 사용할까

- "당신의 일에서 가장 즐거운 부분은 무엇입니까? 또 가장 불만스러운 부분은 무엇입니까?"

- "매주 두세 시간의 여유 시간이 생긴다면 어디에 쓰고 싶습니까?"
- "어떤 것에 시간을 더 투자하고 싶습니까?"

이어지는 질문
- "그런 변화를 막는 장애물이 무엇입니까?"
- "당신이 방금 말한 것들을 포기하거나 거기에 투입하는 시간을 줄이기가 힘들다는 것이 이해가 가는군요…… 하지만 어떻게 하면 그렇게 할 수 있겠습니까?"

chapter
31

한 번만 질문을
했더라면

중역 회의실에 세계적인 대형 은행의 최고위 임원들 8명이 앉아 있었다. 줄무늬 재목으로 된 회의용 테이블 위에 탄산수 또는 생수가 든 물병들이 가지런히 준비돼 있다. 천장에서 하얀 프로젝션 스크린이 내려오면서 낮게 '윙' 하는 소리를 냈다.
"이제 들어오시라고 하게." 임원들 중 한 명이 비서에게 말했다.
회의실 밖에 있던 경영 컨설턴트들이 들어와서 임원들과 악수를 나눴다. 이 컨설턴트들은 명망 높은 일류 경영 컨설팅 회사에서 왔다. 한 유명한 업계 전문지는 상당한 막후 영향력을 행사하는 이 회사의 파트너들을 가리켜 '현대 비즈니스계의 예수회 교도들'이라는 별명을 붙이기도 했다. 컨설팅 업계를 다룬 어떤 서적에서는 그들을 '전략의 제왕'이라고 불렀다.

이 컨설팅 회사는 이 은행의 CEO와 그의 팀을 위한 대형 프로젝트를 따내려고 경쟁하는 최종 후보 세 곳 중에 하나였다. 이것은 상당한 대규모 프로젝트로, 컨설팅 업계 전체에서 탐내고 있었다. 계약 성사 여부가 많은 것을 좌우하게 될 터였다.

프레젠테이션은 한 시간 동안 이어졌다. 반질반질 윤이 나는 테이블 앞에 앉은 임원들이 가끔씩 정중하게 질문을 던졌다. 컨설팅 회사의 대표 파트너인 웨스터벨트(Westervelt)가 이 은행의 주요 사업 부문인 기업 뱅킹에 관해 심도 있게 설명했다. 이 주제를 선택한 이유는 은행을 위한 새로운 전략을 개발하고자 컨설팅 회사가 어떤 절차를 구상하고 있는지 보여주기 위해서다. 웨스터벨트의 프레젠테이션 능력은 탁월하다.

(그는 우리 아버지의 금언을 알고 있는 모양이다. "준비 부족을 대체할 수 있는 건 아무것도 없다." 웨스터벨트의 준비는 철저하고 완벽했다.)

웨스터벨트는 거대한 기업 시장에 대해 빠삭하며 이 은행의 주요 경쟁사들에 대해서도 숙지하고 있었다. 그는 감동적일 정도로 유창한 화술을 선보였다. 연설에 통달한 그의 입에서 '음……' 또는 '그러니까' 같은 말은 절대 튀어나오지 않는다.

웨스터벨트의 프레젠테이션은 걸작이었다. 실로 그는 이 분야에서 세계적인 전문가임이 틀림없다. 그의 비범한 지식과 경험을 능가할 컨설턴트는 아마 어디에도 없으리라.

이제 주어진 시간이 얼마 남지 않았다. 웨스터벨트는 좌중에게 물었다. "혹시 질문 있으십니까?" 앉아 있는 임원들이 모두 고개를 흔들었다.

CEO가 말했다. "감사합니다. 매우 유익한 시간이었어요."

47층에서 엘리베이터를 타고 내려가는 동안 젊은 파트너 한 명이 웨스터벨트에게 말했다. "오늘 정말 끝내줬어요."

웨스터벨트는 미소를 지었다. 그와 파트너들은 프레젠테이션이 몹시 만족스러웠다. 왜 아니겠는가? 뱅킹에 대해 손바닥 보듯 훤하게 파악하고 있는 그들이니 말이다.

한편 회의실에서는 은행 임원들이 간단한 사후 회의를 가졌다. 방금 다녀간 컨설턴트들은 CEO가 선호하는 이들이었다. CEO가 예전에 나에게 그렇게 얘기한 적이 있기에 안다. 그는 그들에게 일을 주고 싶었다. 하지만 다른 임원들에게 자기 의견을 강요하고 싶지는 않았다. 테이블에 앉은 임원들에게 물어보자 긍정적인 의견이 많이 나왔다. 여기까지는 좋았다.

인적자원 최고책임자인 제니퍼는 가장 절제된 의견을 피력했다. 그녀는 이 은행에서 30년 가까이 일했다. 마지막 순서는 글로벌 기업 뱅킹 책임자인 피터였다. 기업 뱅킹은 컨설턴트들이 가장 많은 시간을 할애한 부문이었다.

피터는 프레젠테이션 후 실망한 기색이 역력했다. 흥분해서 얼굴까지 벌겋게 상기되었다.

"그들을 우리의 컨설턴트로 고용하는 것에 반대합니다." 그는 단호하게 말했다. 화를 참기 어려워하는 모습이었다. "특히 대표 파트너 웨스터벨트 말입니다. 그는 다른 사람 얘기는 들으려고도 하지 않아요. 그는…… 공감하는 능력이 없어요!"

걱정이 된 CEO는 좀 더 자세히 설명하라고 요청했다.

"그들은 우리의 전략이나 계획에 대해서는 거의 아무것도 묻지 않았어요. 우리가 내린 결정들, 사업을 성장시키는 데 기여할 우리의 강점들 같은 것에 대해 말입니다. 기업 뱅킹 부문에서 우리의 주도적인 위치를 인정하지도 않았고요. 다들 자만심으로 가득해서 자기 얘기만 늘어놓기 바빴어요. 특히 웨스터벨트 말입니다."

나중에 CEO는 다른 임원들이 없는 자리에서 인적자원 책임자 제니퍼의 의견도 들었다. "그 사람은 저와 눈도 마주치지 않았어요. 단 한 번도요. 저는 마치 방 안에 없는 사람이 된 기분이었어요. 그들은 프레젠테이션의 초점을 CEO에게만 맞췄어요. 저는 이런 생각이 듭니다. 이런 사람들과 매일 마주치며 함께 일하면 과연 어떨까? 그 사람들 스타일은 우리 회사의 문화와 맞지 않는 것 같습니다."

며칠 후 CEO는 컨설딘드들에게 전화를 걸어 그들이 프로젝트를 '잃었다'고 말했다. 따내지 못한 게 아니라 '잃은' 것이다!

CEO는 모든 후보 회사들의 역량이 '막상막하였다'고 말했었다. 그래서 웨스터벨트와 그의 동료들은 더욱 놀랐다. 매우 낙담했다.

아니, '완전히' 낙담해서 멍할 지경이었다. 어떻게 이런 일이?

  1년 뒤, 나는 은행의 CEO를 다시 만났다. 해당 프로젝트를 따낸 다른 컨설팅 회사가 여전히 은행과 일하고 있었다. 벌써 세 번째 프로젝트를 맡고 있었다.

  나는 CEO와 커피를 마시며 물었다. "웨스터벨트의 회사가 그때 입찰 과정에서 어떻게 했다면 결과가 달라졌을까요?"

  CEO는 나를 쳐다보며 눈썹을 치켜 올리더니 머리를 한쪽으로 갸우뚱했다. "어떻게 했다면 말입니까? 웨스터벨트가 묻지 않은 한 가지 질문이 결국 모든 걸 좌우한 겁니다. 피터에게 기업 뱅킹에 대해 이렇게 물어보기만 했다면 결과가 달라졌을 거예요. '당신의 계획에 대해 설명해주시겠습니까?' 그는 '나'한테는 물어봤어요. 하지만 책임자인 피터한테는 묻지 않았지요. 그 사람은 가장 간단하면서도 가장 중요한 질문을 간과했어요. '당신의 계획에 대해 얘기해주시겠습니까?'"

  몇 년 전 나도 피터가 그날 회의실에서 느꼈을 법한 감정을 경험했다. 런던 출장을 가는 길에 그곳에서 며칠을 혼자 보낼 계획을 세웠다. 떠나기 직전에 한 지인을 만났다. '런던'이라는 말이 내 입에서 튀어나오기 무섭게 그는 정색하더니 목을 가다듬고는 말했다. "아, 그러면 꼭, 반드시 레인즈버러 호텔에 묵으셔야 돼요. 레인즈버러에 비하면 다른 데는 전부 이류급이라니까요. 선택할 만한 호텔이 그곳밖에 없어요." 무거운 침묵이 흘렀다.

만일 먼저 그가 '나의' 계획에 대해 물어봤다면 내가 그 이튿날 출발한다는 사실을 알았을 것이다. 그리고 이미 내가 가장 좋아하는 훌륭한 호텔(하룻밤에 1000달러나 하는 레인즈버러보다 훨씬 쌌다)을 예약했다는 사실도 알았을 것이다.

그는 내 계획을 묻는 대신 '내가 계획을 어떻게 짜야 하는지' 설교하느라 바빴다. 그 결과 나는 그에게서 상대방 기분을 헤아리지 못하는 불쾌한 사람이라는 인상을 받았다.

▲ ▲ ▲

당신의 계획부터 이야기하지 말라. 또 상대방의 계획을 대신 짜주지 말라. 먼저 이렇게 물어라. **"당신의 계획에 대해 말해주겠습니까?"**

▼ ▼ ▼

질문 사용법

"당신의 계획에 대해 말해주겠습니까?"
훌륭한 경청자가 되려면 다음 세 가지 원칙을 반드시 기억해야 한다.
겸손하라. 인도의 정신적 지도자 마하트마 간디는 말했다. "진리를 발견하기 위해서는 먼지처럼 겸손해져야 한다." 당신이 만나는 모든 사람에게서 뭔가를 배울 수 있다고 믿어야 한다.
호기심을 가져라. 나이가 들수록 호기심은 줄어든다. 다섯 살짜리 아이는 매일 약 200개의 질문을 한다. 당신은 몇 개나 하는가? 강렬한 호기심을 갖고 모든 상황을 대하라. 그러면 더 많이 들을 수밖에 없다. 자신의 경우를 돌아봐라. 우리는 편견과 선입견 때문에 타인의 이야기에 귀를 기울이지 못하곤 한다. 새 차를 구입할 때 아내가 최종 결정을 내리는 경우가 많다. 하지만 자동차 거래에서 대개 세일즈맨들은 남편에게 훨씬 더 많은 관심을 기울인다. 너 자신을 알라!

언제 사용할까
- "상대방의 계획이 어떠해야 한다고 당신의 생각을 말하기 전에
- "상대방의 의도와 우선순위를 알아야 할 필요가 있을 때

어떻게 사용할까
- "이 문제에 어떤 접근법을 취할 계획입니까?"
- "당신의 전략이 무엇입니까?"
- "앞으로의 방향을 어떻게 잡고 있습니까?"

이어지는 질문
- "그 계획을 세우기까지 어떤 과정을 거쳤습니까?"
- "하지 않기로 결정한 것은 무엇입니까?"

chapter
32

불평을 그치게
만드는 특효약

전화 통화 분위기는 시작부터 몹시 안 좋았다.

내 고객 한 명, 그의 회사 임원인 빌, 그리고 나, 이렇게 셋이 3자 통화를 하는 중이었다. 나는 빌을 만나본 적이 없었다. 빌은 화가 나 있다. 너무 화가 나서 졸도하기 일보 직전이다. 그는 회사의 중요한 프로그램의 진척 상황에 대해 불만이다. 나의 도움을 받아 문제를 해결하려고 하면 오히려 더 악화될 것이라고 생각했다.

그는 말했다. "완전히 엉망입니다. 대단히 유감입니다만 당신이 제안한 접근법은 별 쓸모가 없습니다. 우리 상황과 맞지 않는 것 같아요."

(직접 만난 게 아니라 전화 통화라서 천만다행이었다.)

빌은 25분 동안 불평과 푸념, 비판을 쏟아냈다. 그는 현재 회사가 시도하고 있는 프로그램에 대해서 불만이 가득했다. 성과가 안 나온다는 것이다. 그는 사내 파트너들의 안이함과 그들이 너무 내부에만 집중한다는 점에 대해 설교를 늘어놓았다.

하지만 그는 진짜 이슈에 대해서는 얘기하지 않았다. 누가 보더라도 자명한데 말이다. 그것은 이 회사가 직면한 수익 감소였다. 회사가 앞으로 어떤 방향으로 나아가야 하는지, 파트너들이 일하는 방식을 어떻게 바꿔야 하는지 등에 대한 내용은 그의 입에서 전혀 나오지 않았다.

나는 고객에게 도움을 주고 싶은 마음으로 이 전화 회의에 참여하기로 동의한 터였다. 극작가이자 하원의원이었던 클레어 부스 루스(Clare Boothe Luce)는 말했다. "선한 일을 하다 보면 꼭 욕을 먹는다." 이번 경우도 그런 냉소적인 경고가 딱 들어맞는 것 같았다.

5분이 남은 시점에서 나는 점잖게 끼어들었다. "빌, 질문 하나 해도 돼요?"

"그러십시오." 그가 부루퉁한 목소리로 말했다.

"미숙한 파트너들을 볼 때, 그리고 고객과 훌륭한 관계를 구축하는 방법에 대해 생각해볼 때, 그들이 어떤 점에 더 집중했으면 좋겠습니까?"

침묵이 흘렀다.

"글쎄요…… 뭐, 좋은 질문이군요." 아직도 흥분이 가시지 않은 목소리였다. 그러곤 잠시 말을 멈췄다. "이런, 당신 때문에 생각의 흐름이 끊겼잖아요!" 그의 목소리에는 쏟아내던 불만이 도중에 갑자기 끊긴 것에 대한 짜증이 섞여 있었다. 또 한 번의 침묵 후에 그가 말했다. "음…… 좋아요. 대답을 한번 해보죠."

빌은 자신이 원하는 변화의 긍정적인 측면에 대해 얘기하기 시작했다. "일단 그들에게는 로드맵이 필요해요. 일테면 당신이 저한테 이메일로 보내준 내용 같은 것 말이에요. 가장 중요한 것부터 따져보자면, 그들이 개선해야 할 주요 사항이 세 가지 있어요."

그는 호통치기를 멈췄고 화도 가라앉았다. 갑자기 마치 신의 명령이라도 떨어진 것처럼 폭풍이 잦아들고 파도가 잔잔해졌다. 어느새 우리는 근본적이고 중요한 이슈들에 대해 알찬 대화를 나누고 있었다.

몇 달 뒤, 나는 빌의 승인 하에 이 회사의 새로운 핵심 프로젝트를 맡아 진행하게 되었다. 내가 그를 설득했기 때문이 아니라 적절한 순간에 적절한 질문을 한 덕분이다.

좋은 질문은 나쁜 분위기를 변화시키고 화를 녹이며 상대방을 진짜 중요한 이슈로 돌아오게 만드는 특효약의 역할을 한다. "그들이 어떤 점에 더 집중했으면 좋겠습니까?"라는 질문 덕분에 나는 탈선한 대화를 다시 궤도 위에 안정적으로 올려놓을 수 있었다.

▲ ▲ ▲

우리는 남들에 대해 불만을 토로하며 그들이 변해야 한다고 말만 할 때가 많다. 상대방이 비판을 쏟아내는 대신 해결책을 생각하도록 이끌려면 이렇게 물어라. "**그들이 무엇에 더 집중했으면 좋겠습니까?**"

▼ ▼ ▼

질 문 사용법

"그들이 무엇에 더 집중했으면 좋겠습니까?"

그들은 변화해야 해!

흔히 들을 수 있는 비판이다. 그리고 비판은 전염성이 있다. 하지만 상대방으로 하여금 그가 목격하고 싶은 행동 변화를 구체적으로 생각해보게 만든다면, 대화 분위기를 완전히 바꿀 수 있다. 불평과 냉소주의를 미래 지향적인 생산적인 대화로 바꿀 수 있다. 또 상대방이 해당 문제를 좀 더 명확하고 날카롭게 이해하도록 도울 수 있다.

누구 탓인지 따지지 말고, 문제를 고쳐라.

언제 사용할까

- ◆ 직장에서 누군가가 불평을 쏟아낼 때
- ◆ 어떤 한 사람이 지목되어 비판을 받을 때

어떻게 사용할까

- "당신 부하직원들이 바꿔야 할 점을 한 가지만 생각해본다면, 즉 성과에 커다란 영향을 줄 한 가지 행동을 꼽는다면, 그게 무엇이겠습니까?"
- "그들이 어떤 식으로 변화했으면 합니까?"

이어지는 질문

- "그들이 그렇게 행동하지 않는 이유가 뭐라고 생각합니까?"
- "그들이 적절한 행동을 하지 않는 이유가 무엇입니까? 지식과 기술이 부족해서입니까, 조직이 방해가 되기 때문입니까, 아니면 타고난 능력이 없는 겁니까?"

chapter
33

회의를
마치고 난 후

회의는 지루하게 이어졌다. (회의가 안 지루한 경우도 있을까?) 나는 끊임없이 시계를 확인했다. 도대체 언제 끝나려나? 째깍째깍.

당신에게도 꽤 낯익은 장면일 것이다. 심지어 당신이 최근에 참석했던 회의를 묘사하는 것 같다는 생각이 들지도 모르겠다.

이것은 새로운 주요 안건을 논의하는 기획회의 자리였다.

참석자 중 세 명이 15분 늦게 도착했다. 나머지 사람들은 회의실 탁자에 둘러앉아 그들을 기다리며 커피를 홀짝이고 있었다. 회의 의제는 모호했다. '고객 우선주의' 도입에 대한 토론. 회의의 목표가 무엇인지 명확하지가 않았다.

몇몇 참석자들의 가식적인 언동과 자기 의견만 내세우는 발표로 인해 회의 분위기는 중심 없이 애매하게 흘러갔다. 왜 그런 사람들 있지 않은가. 요란한 빈 수레 같은 사람들 말이다.

나는 회의에 구체적인 중심점을 만들려고 애썼다. 회의 자리가 점점 견디기 힘들어지고 있었다. "우리가 성취하고자 하는 목표가 무엇입니까?" 내가 물었다. 다음과 같은 질문도 던졌다. "이것이 기존 고객들에게 미치는 영향으로는 어떤 것이 있습니까?"

스크린에는 파워포인트 화면이 계속 넘어가고 있었다. 마치 공사 현장의 비계가 세워졌다가 뿔뿔이 해체되고 다시 세워지는 것처럼 보였다. 어째서 사람들은 슬라이드를 띄워놓고 그것을 읽어주는 것일까? 어째서 조직 구성원들이 생산하는 모든 사고는 파워포인트 슬라이드로 정리되어야만 하는 것일까?

회의는 정오쯤 끝났다. (다행스럽게도, 세 시간 안에 마쳐야 하는 일정이었다.) 누군가가 말했다. "그럼 이제 해야 할 일들, 실천 사항을 정리해봅시다." 모든 사람이 고개를 끄덕였다. 좋은 생각이야. 회의가 끝날 때마다 해야 할 일 목록을 만드는 것은 훌륭한 경영 습관이 아니겠는가?

다음으로 해야 할 일들은 모두 대단히 실제적인 내용처럼 보였다. 캐시는 빌을 불러 무언가를 체크한다. 로저는 해당 프로그램을 위해 누군가의 지원을 받으려고 움직인다. 프레드는 상세한 회의록을 작성한다 등등……. 마침내 내가 끼어들었다.

"한 가지 질문을 던져도 되겠습니까?" 모두가 고개를 끄덕였다.

"오늘 회의에서 우리가 결정한 내용이 무엇입니까?"

흐음. 그들은 진지한 표정으로 나를 쳐다보았다. "무슨 말씀이세요?" 그들 중 한 명이 물었다.

"제 말은, 우리가 결정한 내용이 정확히 무엇이냐는 겁니다. 이건 새로운 계획안의 윤곽을 잡고 체계화하기 위한 기획회의였습니다. 그런데 우리가 결정한 내용은 어떤 게 있지요? 일단 그러한 결정 사항의 목록을 만들고 난 다음에, 해야 할 일들을 정하면 안 될까요?"

우리는 나름 결정을 내렸다고 생각한 다섯 가지 이슈의 목록을 만든 다음 테이블에 둘러앉았다. 그리고 각각의 이슈에 대해 의견이 일치하는지 확인했다.

그러자 다섯 가지 중에 세 가지 이슈에 대해 우리의 의견이 일치하지 않는다는 사실이 드러났다. 어떠한 합의점도 없었다. 게다가 그 셋 중에 하나는 '해당 프로그램의 근본적인 목표가 무엇인가' 하는 문제였다! 문제는 우리에게 컨설팅을 의뢰한 기업의 경영진이 이 프로그램을 발표하면서 '여러 가지' 목표를 계속 강조했다는 점이었다. "고객 유지율을 향상시키고, 더 많은 제품을 교차판매하며, 경쟁력을 선점하고, 그리고 동시에……" 요구 사항은 계속 이어졌.

이 목표들을 달성하기 위해서는 먼저 우선순위를 정하는 일이 필요했다. 나는 회의 참석자들에게 이 점을 이해시켜야 했다.

우리는 부엌 바닥과 벽은 제대로 손봐놓지도 않은 상태에서 새로

살 주방용품 목록부터 먼저 작성하고 있었던 셈이다. 아니, 그보다 더 심각했다. 우리는 부엌을 만들면서 그것이 가끔씩 요리할 때 사용할 공간인지, 아니면 하루에 100인분의 식사를 만드는 레스토랑의 주방인지도 확인하지 않은 셈이었다.

나는 그들에게 아직 할 일이 남았다고 말했다. 우리는 아직 진짜 중요한 문제들을 다루지도 못한 상태였다. 우리는 한 시간 반을 더 소모하고 나서야 이 회의의 목적에 부합하는 진정한 토론을 할 수 있었다.

이제 정말로 회의를 마칠 때가 되었다. 토론을 통해 합의점을 도출한 결정 사항의 목록이 완성되었다. 또 최우선 순위의 목표도 분명해졌다. 실천 사항들 역시 마련되었다. 하지만 실천 사항들보다 더 중요한 것은 '결정된 사항'과 목표 재확인이었다.

어떤 그룹이든 회의가 끝난 뒤 실천 사항 목록을 만들 수 있다. 하지만 그날의 중요한 결정 사항을 확실하게 짚고 넘어가는 경우는 드물다. 그것이 훨씬 더 중요한데도 말이다.

▲ ▲ ▲

중요한 결정 사항을 짚고 넘어가는 조직 문화를 만들어라. 회의를 시작하기 전에 반드시 이렇게 질문하라. "오늘 회의에서 우리가 결정해야 할 사항은 무엇인가?" 회의가 끝나면 이렇게 질문하라. "오늘 회의에서 우리가 결정한 사항은 무엇인가?"

▼ ▼ ▼

**질문
사용법**

"오늘 우리가 결정한 사항은 무엇인가?"

많은 조직이 꾸물대는 버릇을 버리지 못한다. ("미루고 꾸물대는 습관을 고치기 위해 조치를 취해야겠어. 그런데 도무지 그럴 시간이 없군!")

사람들은 결정 내리기를 두려워한다. 기존의 강력한 이해관계를 망칠까 봐 걱정한다. 나중에 혹시 내가 궁극적인 책임을 지게 될지도 모를 결정을 내리느니 차라리 안전하게 몸을 사리는 쪽이 더 편하다. 실제로 어떤 중요한 변화도 가져오지 않는 만만한 실천 사항 목록을 만드는 것이 더 수월한 데다 리스크도 작다.

다른 사람들과 함께 결정을 내리면 공동의 확인 과정을 거치므로 그룹의 결속력이 높아진다. 그 결과, 합의된 실천 사항들을 충실하게 이행하는 태도가 나타날 수 있다.

언제 사용할까

- 회의를 마친 뒤
- 가족이나 친구와 중요한 문제를 토론한 뒤 ("자, 우리가 결정한 게 뭐지?" "너는 어떤 결정을 내렸니?")

어떻게 사용할까

- 누군가가 어떤 문제나 토론 주제를 들고 당신을 찾아왔을 때 이렇게 물어라. "내가 결정해야 할 사안, 혹은 당신이 결정을 내릴 수 있도록 내가 도울 부분이 있습니까?"
- 회의를 시작할 때 이렇게 물어라. "이번 회의의 목적은 무엇입니

까?" "오늘 결정하고자 하는 사안은 무엇입니까?"

이어지는 질문
- "이 문제와 관련된 결정을 내리기 위해 필요한 것은 무엇입니까?"
- "이에 모두 동의합니까?"

질문은 모를 때만 하는 것이 아니다

때는 1950년대, 루이지애나 주 보저시티에서 있었던 일이다.

매들린(Madeline)은 여덟 살 보니(Bonnie)와 보니의 여섯 살짜리 여동생에게 뒤뜰로 나오라고 했다. 매들린은 두 소녀의 엄마였다. "종이랑 연필도 가져오렴." 그녀는 아이들에게 말했다.

매들린은 뒤뜰 바닥에 앉았다. 옆에는 작은 상자와 조그만 삽이 놓여 있었다. 소녀들은 엄마 옆에 자리를 잡고 앉았다.

"지금부터 땅에 구멍을 팔 거야." 그들은 상자가 들어갈 정도의 크기로 구멍을 팠다.

"이제 너희가 가져온 종이에 '할 수 없어'라고 써넣으렴. 그리고 그걸 접어서 이 상자에 집어넣는 거야. 상자를 구멍에 파묻을 거란다."

매들린은 이어 말했다. "자, 이제 너희는 '할 수 없어'라는 말을 두

번 다시 사용하지 못하게 된 거야. 알았니?" 이 말은 그 후로 영원히 보니의 신조가 되었다. 절대로 '난 할 수 없어'라고 말하지 말 것.

보니의 십대 시절로 넘어가보자. 그녀는 재봉 수업을 거부했다. 이는 사실상 그녀의 인생 방향을 결정지은 사건과 다름없었다.

보니는 패션 디자이너를 꿈꾸고 있었다. 그러자 학교 선생님은 그녀에게 바늘과 실을 건넸다. 패션 디자이너가 되려면 바느질을 배워야 한다는 것이었다. 그것으로 가망 없는 직업을 가질 뻔한 운명은 단숨에 사라졌다.

참으로 다행이 아닐 수 없었다. 이 세상에 그저 그런 평범한 디자이너가 한 명 더 추가될 뻔했으니까 말이다.

대신, 보니 매켈빈 헌터(Bonnie McElveen-Hunter)는 미국 최대의 커스텀 퍼블리싱(custom publishing: 특정 고객을 대상으로 하는 한정판 잡지를 발간하는 사업—옮긴이) 기업의 소유주가 되었다. 이 회사는 미국에서 여성이 이끄는 최대 규모 기업들 중 하나이다.

그녀의 경력은 기업가가 전부가 아니다. 과거에 핀란드 주재 미국 대사로도 활동했다. 뿐만 아니라 미국 적십자사 최초의 여성 총재이기도 하다. 또한 여성 인권 보호 활동에 활발히 앞장서고 있으며 국제여성기업리더회담(International Women's Business Leaders Summit)을 창설했다.

언젠가 나는 한 만찬에서 콜린 파월(Colin Powell) 장관 옆자리에 앉은 적이 있다. 도시연맹(Urban League)이 주최하는 모임이었고, 그 자리에서 파월 장관은 명예로운 상을 수상하기로 되어 있었다. 그는 국무장관에서 은퇴한 지 얼마 안 된 상태였으며, 보니를 핀란드 주재 대사로 취임시켰던 장본인이었다. 나는 그에게 보니와 친분이 있다고 말했다.

파월이 말했다. "굉장한 여성이지요. 그녀는 내가 아는 가장 똑똑하고 활기 넘치는 사람 중 한 명이에요. 엄청나게 유능하고요. 에너지가 넘치는 여성입니다."

보니에 대한 내 생각은 이렇다. 그녀를 표현하기에 안성맞춤인 핀란드어가 있다. 바로 '시수(sisu)'이다. 이것은 최고의 잠재력을 발휘하려는 갈망, 경이롭고 비범한 무언가를 추진하게 만드는 내면의 힘을 의미한다. 보니의 추진력과 활력을 표현하기에 이보다 더 적절한 단어는 없다. 남들이 불가능을 생각할 때, 보니는 가능한 것들을 헤아리기 시작한다.

보니와 친분을 쌓고 함께 일을 한 지도 십수 년이 넘었다. 그녀는 영감의 원천이다. 나는 새로운 단어를 만들어 그녀에 대한 나의 감정을 표현하곤 했다. 보니는 나의 '쉬어로(s/hero: '영웅'을 뜻하는 'hero'에 '그녀'를 뜻하는 'she'의 s를 붙여 만든 단어―옮긴이)'이다.

그녀와 오랜 세월에 걸쳐 수많은 대화를 나누는 동안 나는 매우 다양하고 탁월한 질문을 활용했다. 누구의 생각이든 꿰뚫어 볼 수 있고 풍성한 대화가 흘러넘치게 만들 수 있는 질문들이었다.

언젠가 그녀와 점심을 먹던 날의 일이다. 그녀에게 물었다. "당신이 받아본 것 중에 가장 심오하고 대답하기 어려웠던 질문은 무엇이었나요?" 그녀는 잠깐 생각에 잠기더니 다음과 같이 대답했다.

"어떤 사람이 이렇게 물어본 적이 있어요. '당신의 활동과 발자취로 인해 100년 뒤에 세상이 어떻게 달라질 것 같습니까?'" (훌륭한 본보기야말로 최고의 가르침이라는 사실이 떠오른다.)

그리고 나서 보니는 자신의 인생을 통해 세상에 하고 싶은 중요한 기여와 그것이 다음 세대에 미칠 영향에 대해 10여 분에 걸쳐 이야기했다.

단 하나의 훌륭한 질문이 10분짜리 대답을 이끌어낸 것이다.

보니와 만난 또 다른 자리에서의 일화도 있다. 내가 물었다. "당신이 다른 이에게 물어본 것 중에 가장 심오하고 어려운 질문은 무엇이었죠?" 누구라도 이 질문 앞에서는 머릿속이 복잡해질 것이다.

그녀는 팔레스타인 적신월사(Palestinian Red Crescent Society) 및 마건다윗아돔(Magen David Adom)과 함께 했던 회의의 이야기를 들려주었다. (둘은 각각 팔레스타인과 이스라엘에서 미국 적십자사와 같은 역할을 수행하는 단체이다.) 이는 국제적십자연맹과 적신월사의 합병을 논의하기 위한 자리였다.

"저는 그들에게 이런 질문을 던졌어요. '적십자사와 적신월사가 다른 점은 무엇입니까?' 우리는 그 답을 찾기 위해 한 시간쯤 애를 썼습니다. 결국 차이점 같은 건 없었죠. 저는 적십자사의 지도자들에게도 같은 질문을 던졌습니다.

'문제의 핵심으로 들어갑시다.' 나는 물었습니다. '일상적으로 우리의 교양 정도를 시험하는 '차이'라는 간극보다 우리가 공유하는 인류애가 훨씬 더 중요하지 않을까요?"

언젠가 내가 보니의 사무실을 방문한 날이었다. 사람들이 들어와 질문을 쏟아내고 대답을 기다리는 등 매우 분주한 풍경이었다. 바쁜 순간이 지나고 질문을 던질 만한 여유가 생겼을 때 나는 물었다. "보니, 당신이 생각하는 완벽한 하루란 어떤 모습인가요?"

"쉬운 질문이네요. 내가 꼿꼿이 서 있을 수 있는 날은 모두 완벽한 날이랍니다.…… 신이 나의 휴식을 '방해'하여, 내가 개인적 삶의 일상적 소음 바깥으로 걸어 나가 더 큰 목표를 위해 노력해야 하는 날은 언제나 제게 완벽한 날입니다."

그녀의 대답에 나는 이렇게 물어보았다. "그렇다면, 당신의 일생에서 가장 멋진 날은 언제였나요?" 마치 이어달리기를 하듯 질문이 이어졌고 그녀는 우리 대화에 완전히 집중하고 있었다.

"내 인생 최고의 날은 아직 오지 않은 것 같네요. 그날이 오면 세상에서 가장 소중한 문장을 듣고 싶군요. 성서에 이런 문장이 있지요. '잘하였도다. 착하고 충성된 종아!'" 이 두 질문에 대한 보니의 대답은 30분 동안 계속되었다.

또 다른 날 그녀를 방문했을 때였다. "보니, 당신은 이미 인생에서 수많은 훌륭한 일을 성취했습니다. 만약 '미국 여성 명예의 전당'이 있다면 당신의 이름이 가장 먼저 오를 겁니다. 당신은 미국에서 손꼽히는 최고의 여성이니까요. 당신은 사람들에게 어떻게 기억되길 원합니까?"

"제 인생과 커리어는 아직도 진행 중인데요, 뭐. 하지만 저는 우리가 빈손으로 이 세상에 태어났고, 빈손으로 이곳을 떠날 것이며, 실로 영원히 지속되는 것은…… 우리가 베푼 것들뿐이라는 사실을 상기하곤 합니다. 나 자신을 모두 바쳐 베푼 사람으로 기억된다면 좋을 것 같아요. 그리고 남들이 내면의 잠재력을 온전히 발휘할 수 있도록 용기와 영감을 불어넣은 사람으로 기억되었으면 합니다." 보니의 대답은 그로부터 15분쯤 더 이어졌다. 삶을 어떻게 살아야 하는지에 관한 보니의 가치관을 들을 수 있는 멋지고도 놀라운 이야기였다.

그녀 삶의 모든 순간에는 일종의 신조가 있었다. 다소 설교처럼 들리더라도 용서하기 바란다. 그녀의 삶은 봉사에 끝없이 헌신하는 과정이었다.

지금까지 보니라는 범상치 않은 인물에 대한 놀라운 이야기를 소개했다. 그러나 여기에서 밝힌 내용은 그녀의 인생을 보여주는 몇 개의 퍼즐 조각에 불과하다.

하지만 이번 장의 핵심은 보니 매켈빈 허터의 인생 스토리가 아니라는 점을 명심하길 바란다. 물론 그녀가 대단한 여성이라는 사실에는 변함이 없지만 말이다. 여기서 주목해야 할 부분은 강력하고 정곡을 찌르는 질문이 가진 힘이다. 그런 질문은 내면 깊은 곳의 감정을 이끌어내고 활기 넘치는 대화의 문을 열어젖힌다. 친밀하고 개인적이며 기억에 오래도록 남을 대화를 만들어낸다.

에필로그에서 나는 보니와 만날 때마다 던진 다양한 질문들을 밝혀놓았다. 이는 한 사람을 대상으로 할지라도 만날 때마다 다른 질문들을 활용할 수 있다는 사실을 보여준다. 탁월한 질문을 던지는 것은 결코 한 번에서 끝나는 일회성 행동이 아니다!

답을 바꾸는 질문에 담긴 에너지와 활력은 상대의 마음속 깊이 숨겨진 감정을 끌어내는 가장 강력한 도구가 된다. 적절한 시점에 그것을 이용하면, 당신이 상대방과 나누는 대화는 완전히 다른 차원으로 올라선다.

답을 바꾸는 질문은 끝없는 탐험과 기회를 향한 문을 열어준다. 무엇보다도 이것은 당신이 타인과 관계를 형성하고, 사업에서 성공을 경험하고, 남들에게 영향을 미치는 삶을 살도록 도와주는 경이로운 도구이다.

답을 바꾸는 293개의 탁월한 질문들

본문에서 우리는 실제 대화에서 답을 바꾸는 탁월한 질문을 활용하는 사례를 소개했다. 실생활에서 어떻게 이용하는지를 직접 보여주는 것이 중요하다고 생각했기 때문이다. 진실하고 극적인 이야기의 한가운데서 던져진 질문은 지워지지 않는 기억으로 남기 마련이다. 당신도 그 영향력을 직접 느낄 수 있을 것이다.

그러나 우리가 소개한 질문들은 수많은 적절한 질문의 일부에 지나지 않는다. 직장에서, 집에서, 또 친구들과의 만남에서, 심지어 비행기 옆자리에 앉은 낯선 사람과 대화를 나눌 때도 활용할 수 있는, 신중하고 날카로우며 생각을 자극하는 질문들은 매우 다양하다.

지금부터 293개의 질문을 추가로 소개한다. 이것을 활용할 수 있는 상황을 다음과 같은 9가지 카테고리로 나누었다.

1 새로운 고객을 얻고자 할 때

2 인간관계를 쌓을 때

3 타인에게 코칭이나 멘토링을 제공할 때

4 위기나 불만을 해결하려 할 때

5 상사와 소통할 때

6 직원들을 이끌 때

7 새로운 제안이나 아이디어를 검토할 때

8 회의의 질을 향상시키고자 할 때

9 기부를 요청할 때

아래 질문들을 이용하여 활기 넘치며 의미 있는 대화를 만들고 상대와의 관계를 발전시키기 바란다. 이야기를 만들어가는 일은 이제 당신의 몫이다. 이 질문들을 활용하여 감동적이고 뜻깊은 대화를, 강렬한 힘을 발휘하는 이야기를 만들어가길 바란다.

1. 새로운 고객을 얻고자 할 때

판매를 성사시키는 비결은 무엇일까? 잠재 고객을 '내 편'으로 만드는 비법은 무엇일까?

분명한 필요성이 확인되고 신뢰 관계가 구축되며 구매 가치가 입증되었을 때 고객은 당신의 제안을 받아들인다. 세계 최고의 세일즈맨들은 훌륭한 질문을 던지는 방식을 활용해 그런 조건들이 충족되도록 만든다.

그들은 잠재 고객과 신뢰를 구축하기 위해 화려한 파워포인트 프레젠테이션을 하지 않는다. 대신 적절한 정보를 토대로 한 사려 깊은 질문을 이용해 자신이 지식과 경험을 갖춘 적임자임을 상대방이 느낄 수 있게 한다. 그들은 질문을 던져 숨겨진 니즈를 찾아내며 자신이 관여하여 해결할 수 있는 문제나 기회가 있는지 밝혀낸다. 또한 최고의 세일즈맨은 질문을 이용해 상대방과 감성적인 교감을 하며 연결고리를 만들어낸다. 이로써 상대방에 대해 더 많은 것을 알 수 있고 자신이 상대방에게 가진 관심을 보여줄 수 있다.

당신이 팔려는 것이 제품이든 서비스든, 혹은 아이디어이든 그것은 중요하지 않다. 누군가를 처음 만났을 때 답을 바꾸는 질문을 활용하면 순식간에 상대방의 관심과 존중을 얻어낼 수 있다. 이것은 신뢰 관계를 쌓기 위한 첫걸음이다.

효과적인 첫 만남을 위해

1. 당신의 입장에서 볼 때, 우리가 이 시간을 가치 있게 보내는 방법이 무엇이리고 생각합니까?
2. 우리 회사에 대해 어떤 점을 알고 싶습니까?
3. 어떤 계기로 오늘 회의에 관심을 갖고 참석했습니까?
4. 당신과 동일한 업계에 종사하는 다른 고객들과 이야기를 나누던 중, 그들이

고민하고 있는 몇 가지 문제를 듣고 적잖이 놀라움을 느꼈습니다. 예를 들면 ……(실제 사례를 제시한다)였지요. 당신의 회사도 이런 문제를 겪고 있습니까?

5. 당신의 조직은……(고객의 업계나 역할과 관련된 최근의 주요 사건을 언급한다)에 어떻게 대처하고 있습니까?
6. ……(새로운 경쟁자, 저가 수입품, 새로운 규제 등)에 어떻게 대응하고 있습니까?
7. 당신이 훌륭한 경쟁자로 인정하는 상대가 있습니까?
8. 올해에 가장 중요하게 여기는 사안들이 무엇입니까?
9. 향후 몇 년간 성장을 꾀하는 데 가장 중요한 기회는 무엇입니까?
10. 말씀하신……('리스크 회피', '기능 장애', '도전적인' 등)란 정확히 무슨 의미입니까?
11. 당신에게 가장 중요한 고객들은 누구입니까?
12. 귀사의 최고 고객들은 귀사와 거래를 하는 이유를 무엇이라고 말할까요?
13. 고객들이 당신과 관계를 유지하는 이유는 무엇일까요?
14. 고객들이 떠나는 이유는 무엇일까요?
15. 고객들의 불만 사항은 무엇인가요?
16. 지난 5년간 고객들의 기대에 어떤 변화가 있었습니까?
17. 고객 응대에서 가장 큰 어려움은 무엇입니까?
18. 그러한 새로운 시도(비용 절감, 새로운 조직 구성 등)를 하게 된 이유는 무엇입니까?

19. 지금보다 '더 나은' 방법이 있다면 어떤 것일까요(리스크 관리, 조직의 효율성 등과 관련하여)?
20. 외부의 도움을 받겠다는 결정을 내린 이유는 무엇입니까?
21. 문제와 가능한 해결책에 대해 사내에서 어느 정도의 합의에 이른 상태입니까?
22. 지금까지 논의한 내용을 고려할 때, 이번 회의 이후 어떤 후속 조치가 도움이 될 것이라고 생각합니까?

필요성 찾아내기

23. 당신이 부담해야 하는 비용이 얼마나 될 것 같습니까?
24. 이 부분을 개선하는 것이 얼마나 가치가 있다고 보십니까?
25. 이것이 사업의 다른 측면(매출, 비용, 생산성, 사기 등)에 어떤 영향을 미칠까요?
26. ……(이직률이 높다, 생산성이 낮다, 리스크 관리가 미흡하다 등)라는 사실을 어떻게 아십니까?
27. 당신의 조직에서 실제로 이 문제에 대한 주인의식을 가진 사람은 누구입니까?
28. 효과적인 해결책이 마련된다면 그것이 당신의 업무에 어떤 영향을 미칠까요?
29. 이것이 지금 당신에게 중요한 이유는 무엇입니까?
30. 이것은 당신이 우선적으로 중요시하는 서너 개 항목 중 하나입니까?
31. 이 문제에 할애하는 시간이 얼마나 됩니까?
32. 예를 들어주시겠습니까?
33. 이것(문제, 기회 등)을 제대로 다루지 못하면 당신의 사업은 어떤 타격을

받습니까?

34. 어떤 방책을 시도해보았습니까? 그 효과는 어땠습니까?
35. 이러한 변화를 시도하면 조직 구성원들로부터 어떤 저항이 일어날 것으로 예상됩니까?
36. 이 문제를 이해하는 데 필요한 내용 중에 제가 놓친 부분이 있습니까?

목표와 포부 이해하기

37. 당신의 미래 수익의 원천은 무엇이 될 전망입니까?
38. 이러이러한 트렌드를 고려했을 때 귀사의 기존 전략이 앞으로 어떻게 변화할 것이라고 생각합니까?
39. 지금까지 성공을 거둔 요인은 무엇입니까? 앞으로는 그 요인이 어떻게 바뀔까요?
40. 당신의 사업은 이미 중요한 업적을 세웠으며 놀라운 성과를 달성했습니다. 이제 향후 성과 향상 측면에서 어떤 방향으로 발전하게 될까요?
41. 기존 고객층과 새로운 고객층을 통해 달성할 수 있는 수익이 각각 어느 정도 규모가 될까요? 그렇게 생각하는 근거는 무엇입니까?
42. 추가적인 자원이 있다면 어떤 새로운 계획에 투자하겠습니까?
43. 비중을 줄이거나 없애야 할 영역이 있다면 무엇입니까?
44. 부정적인 대답이 두렵지 않다면 고객에게 어떤 요청을 추가하겠습니까?
45. 시간이 지나면서 당신의 우선순위에는 어떤 변화가 있었습니까?
46. 연말에 당신의 성과를 어떤 방식으로 평가할 예정입니까?

47. 미래 전략을 뒷받침하기 위해 반드시 강화해야 할 조직상의, 또는 운영 측면의 역량이 있다면 무엇입니까?

48. 향후 전략을 감안할 때 귀사에 필요한 인력의 규모 및 질과 관련하여 꼭 갖춰야 할 측면은 무엇입니까?

49. 사업의 미래를 내다볼 때 가장 기대되는 부분은 무엇입니까?

50. 사업의 미래를 내다볼 때 가장 우려하는 부분은 무엇입니까?

51. 당신은 직업적으로 매우 큰 성공을 거두었습니다. 앞으로 무엇을 더 성취하고 싶습니까?

52. 미래의 꿈이 무엇입니까?

제안 검토

53. 우리가 프레젠테이션에서 다룰 영역은 다음과 같습니다. 이 중에서 우리가 높은 비중을 두거나 더 많은 시간을 할애하는 것이 바람직한 부분은 무엇입니까?

54. 이 프로그램의 성공을 통해 얻고자 하는 것이 무엇인지 당신의 입장에서 다시 설명해주시겠습니까?

55. 우리가 제안한 조건과 그것이 당신에게 갖는 가치를 고려했을 때, 추가나 축소를 원하는 부분이 있습니까?

56. 우리가 설명한 접근법에서 가장 마음에 드는 점은 무엇입니까?

57. 당신이 염려하는 측면은 무엇입니까?

58. 이 제안 내용과 당신이 이루고자 하는 목표 사이에 일치하는 부분이 무엇

입니까?

59. 이 과업을 협력하여 수행할 파트너를 선정할 때 당신이 가장 중요하게 살펴볼 요소는 무엇입니까?
60. 우리 이외에 접촉하고 있는 업체가 있는지 여쭤봐도 될까요?
61. 귀사의 의사결정 과정을 자세히 설명해주시겠습니까?
62. 협력할 업체의 선정을 최종 승인할 사람은 누구입니까?
63. 이를 위한 자금 조달은 어떻게 결정될 예정입니까?
64. 두 후보 업체가 전문성, 경험, 비용의 측면에서 거의 비슷한 제안을 내놓는다면, 당신은 무엇을 기준으로 결정을 내리겠습니까?
65. 망설이는 것이 느껴지는군요. 그 이유가 무엇인지 말씀해주시겠습니까?
66. 우리가 준비한 접근 방식을 최종적으로 정리하기 전에 이를 논의하거나 의견을 들어보아야 할 관계자가 더 있습니까?

고객과 회의를 갖기 전의 준비 사항: 자신에게 질문할 내용

67. 이번 회의와 관련된 고객의 니즈와 기대 사항을 우리 팀원들과 면밀히 논의해보았는가?
68. 사실 확인이 필요한 실제적인 정보나 제안을 제공할 예정이라면, 적절한 관계자들에게 미리 그 내용을 간단히 알렸는가?
69. 회의에 적절한 사람들(고객 측과 우리 측)이 참석할 예정인가? 참석자에 대한 정보와 참석 인원을 파악해두었는가?
70. 우리 측에서 다수의 인원이 참석하는 경우, 각자가 수행할 역할을 논의하

고 확정했는가?

71. 내가 전달하고 싶은 가장 중요한 메시지나 아이디어는 무엇인가? 그것을 어떻게 1분 또는 그보다 짧은 시간 안에 요약하여 전달할 것인가?

72. 우리의 생각을 전달할 수 있는 방식들에는 무엇이 있는가? 파워포인트 대신 플립 차트를 사용하는 것이 가능한가? 우리의 핵심 포인트 전달에 도움이 되는 설득력 높은 사례를 준비했는가?

73. 회의의 생산성을 높이기 위해 고객에게 사전에 제공할 수 있는 것(예: 미리 읽어볼 자료)이 있다면 무엇인가?

74. 현재 고객의 근황은 어떠한가? 그들이 (직장 또는 가정에서) 고민하는 문제는 무엇인가?

75. 나의 제안에 그들이 어떤 반응을 보일 것으로 예상되는가?

76. 양측 사이에 대단히 활기찬 토론이 오가거나, 고객이 원하는 다른 주제에 대한 논의가 펼쳐질 경우를 대비하여, 회의 일정을 충분히 여유 있게 잡았는가?

77. 회의 전에 추가적으로 확보해야 할 정보(참석자에 대한 정보, 여타 중요한 데이터 등)는 무엇인가?

78. 참석자들의 사고를 자극하는 날카로운 질문 서너 가지를 준비했는가?

79. 회의의 후속 조치로 어떤 것을 고려하는가?

2. 인간관계를 쌓을 때

어떻게 하면 그냥 알고 지내는 사이에서 의미 있는 관계로 발전할 수 있을까?

관계는 서로를 더 잘 이해할 때 더욱 깊고 견실해진다. 이런 관계로 발전하려면, 서로 중요한 경험을 공유하고 자신을 솔직하게 드러내며 업무적인 유대감뿐만 아니라 정서적인 유대감도 구축되어야 한다.

인간관계는 역동적인 것이다. 그것은 늘 똑같은 상태로 유지되지 않는 법이다. 인간관계는 발전과 진화를 거듭하기도 하지만, 때로는 결실 없이 끝나버리기도 한다. 아래 소개하는 질문들은 당신의 인간관계가 지속적으로 발전하고 견실해지고 번성하는 데 크게 도움이 될 것이다.

개인적 연결고리 만들기

80. 당신은 어떤 사람으로 기억되고 싶습니까?

81. 당신이 성취한 최고의 일은 무엇입니까?

82. 살면서 가장 큰 만족을 느낀 일은 무엇입니까?

83. 살면서 가장 행복했던 순간은 언제입니까?

84. 지금 당신이 알고 있는 것 가운데 젊은 시절에 알았더라면 싶은 것은 무엇입니까?(성공, 인간관계, 부모가 되는 것 등과 관련하여)

85. 당신의 경력에 대해 말씀해주시겠습니까? 현재의 위치에 오기까지 어떤 과정을 겪었습니까?

86. 현재의 회사에 근무하면서 가장 마음에 드는 부분은 무엇입니까?

87. 업무 효율성이나 시간 분배와 관련하여, 할애하는 시간을 줄이거나 늘리고 싶은 활동이 있다면 무엇입니까?

88. 가족에 대한 이야기를 듣고 싶군요. 자녀들은 몇 살입니까?

89. 업무로 바쁘지 않을 때 여가 시간을 어떻게 보내십니까?

90. ⋯⋯(최근의 사건, 선거 결과 등)에 대해 어떻게 생각합니까?

91. 당신에게 영향을 준 롤 모델이나 멘토는 누구입니까?

92. 어린 시절을 어디에서 보냈습니까? 그곳에서의 경험은 어땠습니까?

93. 부모님은 어떤 분이었습니까? 부모님께 어떤 가르침을 받았습니까?

94. 만일 현재의 직업(사업가, 교사, 의사 등)을 택하지 않았다면, 대신 어떤 선택을 했을 것 같습니까?

95. 오늘 당신의 사망 기사를 써야 한다면 어떤 내용이 될까요?

96. 가장 기억에 남는 책(또는 영화, 공연 등)은 무엇입니까?

97. 당신은 외향적인 성격과 내향적인 성격 중 어느 쪽이라고 생각합니까? 이유는 무엇입니까?

98. 이메일, 전화, 서면 문서, 사람들과 만나는 일, 소셜미디어 등을 생각해볼 때, 당신의 커뮤니케이션 방식은 어떤 스타일이며 선호하는 방식은 무엇입니까?

99. 당신의 경력 초기에 대해 아는 바가 별로 없네요. 이 일을 시작하고 처음 5년

동안의 경험을 들려주시겠습니까?

100. 처음 이 일을 시작하게 된 계기가 무엇입니까?

101. 요즈음 당신의 상사가 가장 크게 고민하는 문제는 무엇인 것 같습니까?

상대방의 관심사 이해하기

102. 맡은 업무가 어떤 것입니까? 업무 중 가장 많은 시간을 차지하는 활동은 무엇입니까?

103. 올해 연말 평가에서 당신은 어떤 평가를 받을 것으로 예상합니까?

104. 올해 회사가 당신에게 기대하는 성과는 무엇입니까?

105. 요즘 참여하고 있는 주요 프로젝트나 계획은 무엇입니까?

106. 지금 당신에게 중요한 일은 무엇입니까?

107. 현재 인생에서 가장 큰 열정을 쏟고 있는 일은 무엇입니까?

108. 올해 성취하고 싶은 가장 중요한 목표들은 무엇입니까?

109. 일주일에 몇 시간 여유가 생긴다면 어떤 일에 투자하고 싶습니까?

110. ……(회사 업무, 가족 돌보기 등)로 시간을 보내지 않을 때 가장 즐겨 하는 활동은 무엇입니까?

상대방에게 공감하기

111. 요즘 어떻게 지내십니까?

112. 좀 더 자세히 이야기해주시겠어요? 어떻게 된 건데요?

113. 기분이 ……하시다니, 무슨 일이죠? 더 자세히 말씀해주시겠어요?

114. 어째서 그런 일이 일어났다고 생각합니까?

115. 그 일에 대해 어떻게 생각하세요?

116. 당신의 기분이 어떨지 상상해보려 노력 중이에요. 분명 ······(화가 날, 당황스러울, 자랑스러울) 것 같네요. 그렇죠?

117. 지금 얼마나 화가 나시겠습니까(당황스럽겠습니까, 자랑스럽겠습니까)?

118. 그 일이 힘겨웠습니까? 제가 생각하기엔 많이 힘들었을 것 같아요. (절대 무시하는 듯한 태도를 취해선 안 된다. 모든 대화에는 진지한 태도로 임해야 한다.)

119. 그것이 옳은 행동이었다고 생각합니까? 또는 그것이 적절한 대응이었다고 생각합니까? (판단은 금물이다. 판단을 내리는 순간 공감의 분위기는 즉시 사라진다. 상대방의 생각을 '물어보아야' 한다.)

120. 사실상 여기에는 서로 다른 두 가지 이슈가 맞물려 있는 것 같군요. 그렇지 않습니까? 또는 진퇴양난에 처하신 것 같은데요······ 제 생각이 맞습니까? (상대가 말했던 것과 다른 표현으로 바꾸어 언급하고 '맞나요?' 하고 확인하라. 상대가 말한 내용을 요약해서 다시 반복하면 지루하고 장황하게 느껴진다. 표현을 바꾸거나 종합해서 정리하는 편이 훨씬 더 강력한 힘을 발휘한다.)

121. 어떻게 할 자정입니까? 또는 어떤 선택이 가능하다고 생각합니까?

122. 저도 매우 비슷한 경험을 했습니다. 그 이야기를 들려드리고 싶은데, 괜찮을까요?

123. 제가 도울 수 있는 점이 있을까요?

업무 관계에서의 피드백

124. 우리의 협업 과정이 얼마나 효과적으로 진행되고 있다고 보십니까?
125. 우리의 공동 작업에 대한 솔직한 평가를 들려주시겠습니까?
126. 우리의 관계에서 변화를 가하고 싶은 부분이 있습니까?
127. 제가 노력을 더 기울였으면 하는 부분은 무엇입니까? 비중을 줄였으면 하는 부분은 무엇입니까?
128. 당신의 회사에서 제가 좀 더 접촉해야 할 인물이 있다면 누구입니까?
129. 지금까지 충분한 커뮤니케이션이 이루어졌습니까?
130. 제가 진행하는 작업이 당신의 주요 우선순위에 제대로 부합합니까?
131. 지금까지 제가 한 일 중 당신에게 가장 큰 도움이 된 것은 무엇입니까?
132. 당신의 목표를 달성하는 데 제가 어떤 도움이 되고 있습니까?
133. 당신에게 가장 중요한 문제를 제가 다루고 있다고 보십니까?
134. 제가 당신의 업무를 좀 더 수월하게 만들어줄 수 있는 방법은 무엇입니까?
135. 우리의 협업이 더 원활하게 이뤄지도록 제가 할 수 있는 일이 무엇입니까?
136. 어떻게 하면 제가 당신과 당신 회사의 의견에 더 세심하게 귀 기울일 수 있을까요?
137. 당신의 사업에서 제가 좀 더 자세히 파악해야 할 측면이나 영역이 있습니까?
138. 전반적으로 볼 때 어떻게 하면 제가 당신의 목표 달성을 좀 더 효과적으로 도울 수 있을까요?
139. 우리가 알고 있어야 하거나 고민해봐야 할 문제가 더 있습니까?
140. 검토하고 싶은 다른 사안이 있습니까?

141. 1부터 10까지의 숫자로 평점을 매긴다면, 저와 우리 회사를 당신의 친구나 동료에게 강력 추천할 가능성은 어느 정도입니까?

3. 타인에게 코칭이나 멘토링을 제공할 때

당신의 경험과 지혜를 통해 도움을 받는 사람은 누구인가? 당신의 나이는 중요하지 않다. 일터에서든 개인적인 삶에서든, 타인에게 지도와 조언을 제공하는 것은 당신이 실천할 수 있는 매우 의미 깊은 활동이다.

탁월한 질문은 타인에게 코칭을 제공할 때 특히 빛을 발한다. 이것은 상대방에게 방향을 지시하기보다는 그가 해결책을 찾도록 이끈다. 상대방의 희망과 두려움, 꿈을 겉으로 표출하도록 돕는다. 답을 바꾸는 질문은 강요가 아니라 독려를 통해 상대방을 고무하는 힘을 갖고 있다.

142. 제가 당신에게 가장 큰 도움을 줄 수 있는 방법은 무엇일까요?
143. 당신이 경험한 최고의 멘토링이나 코칭은 무엇입니까? 그것이 당신에게 효과를 발휘한 이유는 무엇입니까?
144. 현재 당신에게 가장 중요한 목표는 무엇입니까?
145. 지금 당신이 고민하는 문제는 무엇입니까?
146. 당신이 답을 찾는 데 제가 도움을 줄 수 있을 만한 문제는 무엇입니까?

147. 현재 당신의 삶에서 가장 흥미진진한 일은 무엇입니까?
148. 해내기 힘들게 느껴지지만 만일 완수할 경우 당신에게 엄청난 성공을 안겨줄 과제가 있습니까?
149. 이 목표를 이루는 데 시간이 얼마나 걸릴 것이라고 봅니까?
150. 당신의 최종 목표를 이루기 위해 해내야 할 일은 무엇입니까?
151. 목표 달성 과정에서 가장 크게 걱정되는 부분이 무엇입니까?
152. 당신이 직면한 가장 중요한 장애물은 무엇입니까?
153. 그러한 장애물을 제거할 방법이 무엇이라고 생각합니까?
154. 당신이 안고 있는 문제를 개괄적으로 설명해주겠습니까? 어떻게 해서 지금의 상황에 이르렀습니까?
155. 지금까지 어떤 시도를 해보았습니까? 그 결과는 어땠습니까?
156. 당신이 생각하기에 이 문제에 대한 최선의 해답은 무엇입니까?
157. 전에도 이와 비슷한 문제를 경험해본 적이 있습니까? 그때는 어땠습니까?
158. 현재의 상황과 관련해 파악하고 싶지만 아직 모르고 있는 부분은 무엇입니까?
159. 방금 말씀하신 내용의 예를 들어주시겠습니까?
160. 과거를 회상할 때, 가장 성공적이었다고 생각하는 일이 무엇입니까? 그 이유는 무엇입니까?
161. 업무에서 가장 큰 만족감을 느꼈던 때는 언제였습니까?
162. 현재 당신의 업무에서 가장 만족스러운 부분이 무엇입니까?
163. 당신이 가진 최고의 능력은 무엇입니까?

164. 가장 중요하게 여기는 것은 무엇입니까?

165. 목표를 향해 전진하기 위해 당신이 버려야 할 것들이 있다면 무엇입니까?

166. 당신의 경력과 관련하여 미래에 이루고 싶은 꿈은 무엇인가요?

167. 우리가 나눈 대화에서 가장 유익했던 내용은 무엇입니까?

168. 오늘 토의를 바탕으로 생각해볼 때, 당신이 염두에 두고 있는 다음 행보는 무엇입니까?

4. 위기나 불만을 해결하려 할 때

누군가가 불만을 제기하면, 우리는 흔히 그의 의견을 반박하고 그가 상황을 제대로 파악하지 못하고 있음을 입증해 보이려고 한다. 올바른 정보를 전달해 그 사람의 생각을 바로잡아주려 하는 것이다. 그리고 당신이 옳다는 점을 밝히는 데 열중한다.

그러나 어떤 사람이 화가 났을 때, 그가 느끼는 감정은 '사실'과 마찬가지다. 사람들은 상대방이 자신의 의견을 듣고 이해해주길 바란다. 이성적인 논쟁은 별 소용이 없다. 오히려 이성적 논쟁은 갈등을 악화시킬 뿐이다. 의견 충돌이 생겼을 때 당신은 논쟁하는 것이 아니라 인간관계를 잃지 않는 것을 목표로 삼아야 한다!

어떤 위기나 문제에 봉착하든, 초기 단계에서 반드시 질문을 활용해야 한다. 그래야만 꼭 필요한 정보를 알아낼 수 있고, 더욱 중요한 것으로서, 상대방을 함께 문제를 해결해나갈 동지로 만들 수 있다.

169. 이 문제를 알려줘서 고맙습니다. 이 상황에 대해 알고 있는 사실을 모두 얘기해주겠어요?

170. 더 이야기하고 싶은 내용은 없나요?

171. 정말입니까?

172. 그다음에 무슨 일이 있었나요?

173. 그들의 반응은 어땠습니까?

174. 이런 상황에 이르게 된 이유가 무엇이라고 생각합니까?

175. 또 다른 의견은 없습니까?

176. 이런 일이 생겨서 유감입니다. 현 시점에서 어떤 조치를 원하십니까?

177. 이 문제는 저에게도 매우 중요합니다. 직접 만나서 논의하고 싶은데, 가능한 가장 빠른 시간이 언제입니까?

178. 제가 이 문제를 좀 더 조사해본 다음, 며칠 내로 당신과 직접 만나 해결책이 될 만한 방법들을 논의하는 것이 어떻겠습니까?

179. 그 사이에 무슨 일이든 발생하면 즉시 저에게 알려주시겠습니까?

5. 상사와 소통할 때

개인의 성과와 태도는 리더들에게도 크나큰 동기 부여가 될 수 있다. 고객들이 생각을 자극하는 강력한 질문에 큰 영향을 받듯이, 당신의 상사나 조직 리더도 역시 마찬가지다. 맡은 업무를 효율적으로 처리하고 목표를 달성하는 일은 물론 중요하다. 하지만 당신의 태도와 관점도 그 못지않게 중요하다.

당신은 다 안다는 듯이 똑똑한 척하는 타입인가? 아니면 건전한 호기심과 배우려는 의욕을 가진 사람인가? 고독한 외톨이 타입인가? 아니면 동료나 상사에게 자주 조언을 구하는 타입인가?

아래의 질문들은 상사와 적극적인 관계를 맺는 데, 또 당신이 호기심과 의욕 넘치는 조직 구성원이라는 사실을 인식시키는 데 도움이 된다.

180. 앞으로 12개월 동안 우리 조직이 추진할 가장 중요한 계획은 무엇입니까?
181. 앞으로 12개월 동안 당신에게 가장 중요한 사안들은 무엇입니까?
182. 올해 당신의 상사가 '당신'에게 기대하는 성과는 무엇입니까?
183. 목표 달성과 관련하여 계획대로 진행 중인 부분, 앞서 있는 부분, 뒤처진 부분은 무엇입니까?
184. 당신이 목표를 향해 나아가는 데 제가 힘을 보탤 방법이 있다면 무엇입니까?
185. 당신이 이 문제를 결정하는 데 제가 어떤 도움을 드릴 수 있을까요?
186. 당신이 이 결정을 이행하는 데 제가 어떤 도움을 드릴 수 있을까요?
187. 당신과 임원진이 그런 결정을 내리게 된 과정이 궁금합니다. 이 결정 외에 고려했던 다른 선택 사항은 무엇이었습니까?
188. 앞으로 당신이 마주칠 주요 도전 과제는 무엇이라고 생각합니까?
189. 당신의 미래에 가장 기대되는 일은 무엇입니까?
190. 지금까지 걸어온 길을 뒤돌아볼 때, 당신 밑에서 일한 직원들 중에 훌륭

한 성과를 창출한 직원들의 특징은 무엇입니까?

191. 당신이 보기에 저의 단기, 중기, 장기적 계획에서 각각 최우선시 해야 할 사안이 무엇이라고 생각하십니까?

192. 다음번 성과 평가에서 제가 당신이 기대한 것 이상의 결과를 창출하려면, 저의 어떤 부분을 보강해야 할까요?

193. 제가 가진 최대의 강점 세 가지가 무엇이라고 생각합니까? 최대의 약점, 혹은 개발할 필요가 있는 부분은 무엇입니까?

6. 직원들을 이끌 때

훌륭한 리더는 훌륭한 질문을 던진다. 그들은 모든 질문의 답을 '자신'이 제시하면 부하직원이 그 답을 납득하고 받아들일 확률이 거의 없다는 사실을 잘 안다. 직원들이 직접 문제의 답을 찾아낸다면(즉 주인의식을 지닌다면) 좋은 결실을 맺을 가능성이 높아진다.

알려주고, 지시하고, 사실만을 서술하는 행위는 직원들의 참여를 이끌어내고 그들에게 권한을 위임하는 데 도움이 되지 않는다. 해답을 제시하면 리더라는 뿌듯함을 느낄 수 있지만, 질문을 던지면 진심으로 따르는 무리를 얻을 수 있다.

194. 우리가 하고 있는 작업 중에 더 이상 중요하지 않거나 효과가 없으므로 중단하는 편이 나은 것이 있습니까?

195. 우리 회사의 성장에 이바지할 수 있는 아이디어가 있습니까?

196. 우리가 이것을 어떻게 개선할 수 있을까요?

197. 회사가 더욱 성공하기 위해 우리가 할 수 있는 가장 중요한 행동 하나를 꼽는다면 무엇이라고 생각합니까?

198. 우리가 이런 방법을 택한 이유를 알고 있습니까?

199. 이 문제가 발생하게 된 근본적인 이유가 무엇이라고 생각합니까?

200. 당신의 업무를 효율적으로 수행하는 데 장애물이 있다면 무엇입니까?

201. 어떤 아이디어가 있습니까? (비용 절감, 수익 증대, 생산성 향상, 혁신 추진 등을 위해)

202. 당신이 더 즐겁고 의욕적으로 업무에 임할 수 있는 방법은 무엇일까요?

203. 회사에서 어떤 업무를 해보고 싶습니까?

204. 당신이 더 효과적으로 업무를 수행하는 데 필요한 추가 정보나 자원은 무엇입니까?

205. 당신이 보기에 내가 가장 큰 능력과 영향력을 행사하는 영역은 무엇입니까?

206. 맡은 업무에서 가장 마음에 드는 부분은 무엇입니까?

207. 맡은 업무에서 가장 녹록지 않은 부분은 무엇입니까?

208. 당신의 경험에 비춰 볼 때 우리 회사의 기업 문화를 어떻게 생각하나요?

209. 이곳에서 일하는 자부심의 원천은 무엇입니까?

210. 최근 경영진의 의사결정 가운데 당신이 이해할 수 없었거나 더 자세하게 알고 싶은 사안이 있다면 무엇입니까?

211. 임원진이 조직 전체와 더 효과적으로 커뮤니케이션하려면 어떻게 해야

할까요?

212. 사내에서 당신이 더 친밀한 관계를 쌓고 싶은 사람은 누구입니까?

213. 최근 우리 회사에 대한 고객들의 반응은 어떻습니까?

7. 새로운 제안이나 아이디어를 검토할 때

새로운 아이디어가 좋은 것인지 나쁜 것인지 어떻게 판단할까? 성공 가능성이 있는 것인지, 아니면 완전히 비현실적인 것인지 어떻게 판단할 수 있을까?

우리는 매일 쏟아지는 아이디어와 제안의 폭격을 받는다. 직장에서 부하직원이 투자가 필요한 새로운 계획안을 당신에게 제안할 수도 있다. 또 당신의 자녀가 새로 배우고 싶은 스포츠에 대해서, 혹은 앞으로 택하고 싶은 진로 방향에 대해서 자기 의견을 당신에게 표현하며 상담을 요청해올 수도 있다.

상대방이 고객이든 가족이든, 아래 질문들은 그들이 제안하는 내용을 당신이 이해하고, 적극적으로 고민하고, 평가할 수 있도록 이끌 것이다.

214. 이것을 하려는 이유가 무엇입니까? (이 일에 매력을 느끼게 된 계기가 무엇입니까?)

215. 당신이 중요하게 추구하는 사명은 무엇입니까?

216. 이 일이 당신에게 중요한 이유는 무엇입니까?

217. 당신이 가장 중요하게 생각하는 목표는 무엇입니까?

218. 당신이 성취하고자 하는 것이 구체적으로 무엇입니까?

219. 결과를 어떻게 전망합니까?

220. 당신이 추구하는 결과는 무엇입니까?

221. 이 일이 성공하면 어떤 결과를 가져올까요?

222. 이 일은 ……(고객, 직원, 공급업체, 지원팀 담당자, 기타 등등)에게 어떤 영향을 미칠까요?

223. 이로 인해 생겨날 변화는 무엇입니까?

224. 부정적인 결과가 나타날 수도 있다고 생각합니까?

225. 이로 인해 당신이 다른 것을 할 수 있는 능력에 제한이 생깁니까?

226. 여기서 가장 중요한 가정은 무엇입니까?

227. 당신이 가정하는 내용(결정에 영향을 미칠 수 있는 변수 등)은 무엇입니까?

228. 그러한 가정이 옳음을 어떻게 입증할 수 있습니까?

229. 당신의 핵심 가정들 중 하나가 잘못된 것이라면 어떻게 하겠습니까?

230. 당신의 계획은 무엇입니까?

231. 이 문제에 어떤 접근법을 취할 예정입니까?

232. 이 일을 성취하기 위해 당신에게 어떤 도움이나 자원이 필요합니까?

233. 언제 시작할 예정입니까?

234. 당신의 시간 계획을 결정하는 요인은 무엇입니까?

235. 일찍 혹은 늦게 시작하는 데 따르는 장점(또는 단점)이 있습니까?

236. 작업 시점을 결정하거나 거기에 영향을 미치는 사람은 누구입니까?

237. 잘못될 위험이 있는 측면은 무엇입니까?

238. 상황을 그저 관망하거나 아무 조치도 취하지 않을 경우에 따르는 리스크는 무엇입니까?

239. 이 계획의 성공을 위해 차질 없이 진행되어야 하는 가장 중요한 두세 가지 요건은 무엇입니까?

240. 당신이 통제할 수 있는, 혹은 통제할 수 없는 리스크는 무엇입니까?

241. 그 외에 고려해본 방법은 무엇입니까?

242. 만일 아무런 제약이 없다면 어떻게 하겠습니까?

243. 다른 대안들과 비교했을 때, 당신이 제안한 방법은 어떻게 다릅니까?

244. 차선책은 무엇입니까? 그것을 최선책으로 변화시킬 만한 방법이 있습니까?

245. 이것은 당신의 사명에 부합합니까?

246. 이것은 당신의 신념이나 가치관과 조화를 이룹니까?

247. 이것은 당신이 공식적으로 공표해온 바에 부합합니까?

248. 이것이 회사가 진행 중인 다른 프로젝트들과 어떻게 조화를 이룰 수 있을까요?

8. 회의의 질을 향상시키고자 할 때

최악의 경우, 회의는 몇 분짜리 논의에 몇 시간을 낭비하는 자리가 된다. 대기업(실은 중소기업도 크게 다르지 않다)에 다니는 직장인들에게 물어보면, 하나같이 끝도 없는 지루한 회의에 많은 시간을 보내고 있다고(대개의 경우 '낭비' 하고 있다고) 대답할 것이다.

다음의 질문을 활용하면 회의의 효율성과 생산성을 높이는 데 도움이 된다. ("회의를 여는 것 말고 다른 대안이 없을까요?"라는 질문부터 던져보자.)

249. 이 회의의 목적은 무엇입니까?
250. 이 회의에서 우리가 성취하고자 하는 것은 무엇입니까?
251. 누가 더 참석할 예정입니까? 반드시 참석해야 할 사람으로 누가 또 있습니까?
252. 예상 회의 시간은 얼마나 됩니까? 그 이유는 무엇입니까?
253. (1시간이 아니라) 30분 안에 회의를 끝내는 것이 가능할까요?
254. 회의를 여는 것 말고 다른 대안이 없을까요?
255. 우리가 결정해야 할 사항은 무엇입니까?
256. 우리는 결정을 내리는 데 필요한 정보를 충분히 갖고 있는 상태입니까?
257. 오늘 우리가 결정한 사항은 무엇입니까?
258. 오늘 회의의 결과에 대해 어떻게 생각합니까?
259. 회의는 보람 있는 시간이었습니까?
260. 우리는 성취하고자 했던 목표에 도달했습니까?
261. 돌이켜 보았을 때, 우리에게 꼭 필요한 회의였습니까?

9. 기부를 요청할 때

미국에서는 3000만 명 이상이 비영리단체의 이사회에서 일하고 있는 것으로 추정된다.

이러한 단체의 이사들이 수행하는 주요 책무 가운데 하나는 기금을 모금하는 일이다. 기부를 요청하기 위해 누군가를 만났을 때 사용할 수 있는 몇 가지 핵심적인 질문들을 소개한다. 이 질문을 활용하여 풍성한 대화를 나눈다면 상대방의 마음과 영혼을 움직이는 데 도움이 될 것이다.

262. 우리 단체가 어떻게 해야 지역사회(또는 환자, 학생, 노숙자 등)를 위해 가장 효과적으로 이바지할 수 있다고 생각하십니까?

263. 만약 당신이 우리 단체의 장이고 어떤 목표든 달성할 수 있다고 생각한다면, 우리 단체를 위해 어떤 일을 수행하고 싶습니까?

264. 우리 단체가 제공하는 서비스에 대해 어떻게 생각하십니까? 당신이라면 우리 봉사 활동의 범위를 확장하기 위한 방안으로 어떤 것을 제안하겠습니까?

265. 당신의 기부가 가져올 결과들을 말씀드릴까요?

266. 당신의 인생에 자선 활동이 중요하다는 생각을 처음 한 것은 언제였습니까?

267. 만약 당신이 우리 단체의 이사라면, 기금을 가장 효율적으로 운용할 수 있는 방법이 무엇일 것 같습니까?

268. 만일 당신이 우리 단체에 변화를 가한다면 어떤 부분을 바꾸겠습니까?

269. 우리가 더 훌륭하고 더 효과적인 자선 활동을 펼칠 수 있는 방법에는 어떤 것이 있을까요?

270. 우리 단체가 지역사회에서 인지도가 꽤 높은 이유가 무엇이라고 생각하십니까?

271. 우리 단체가 지금보다 인지도를 더 높이는 방법은 무엇일까요?

272. 우리 단체의 취지를 더 효과적으로 알릴 방법은 무엇일까요?

273. 우리 단체의 CEO, 또는 당신이 알거나 함께 일해본 다른 단체의 CEO를 생각해볼 때, 그에게서 가장 마음에 드는 자질과 특징은 무엇입니까?

274. 당신은 우리 대학교의 졸업생입니다. 인생을 준비하는 단계에서 대학 생활이 어떤 도움이 되었습니까?

275. 당신은 인정받는 일을 얼마나 중요하게 생각합니까?

276. 기부에 대해 가장 훌륭하게 인정받는 방식은 무엇이라고 생각합니까?

277. 당신이 기부한 내역에 대해 어떤 감사의 표현을 원하십니까?

278. 우리 단체와 관련된 활동에 참여한 경험이 있습니까?

279. 우리 단체에 대해 어떻게 생각합니까?

280. 이번 프로젝트에 대해 어떤 견해를 갖고 있습니까?

281. 우리가 추진하는 프로그램에서 어떤 점이 가장 마음에 듭니까? 그 이유는 무엇입니까?

282. 어떻게 해야 저희가 제공하는 자료로 당신의 관심을 얻을 수 있을까요?

283. 일전에 우리 단체에 첫 기부를 하신 이유는 무엇입니까?

284. 당신은 우리 단체에 대한 기부를 중단했습니다. 이유는 무엇입니까? 우리 단체에서 실망한 부분이 있었다면 무엇입니까?
285. 기부를 처음 시작한 때는 언제이며, 그 계기는 무엇입니까?
286. 당신이 가장 큰 금액을 기부한 단체는 어디였습니까? 지금까지 그곳에 기부한 성금의 규모는 어느 정도입니까?
287. 당신의 기부 대상 목록에서 우선순위가 되려면, 우리에게 어떤 개선이 필요할까요?
288. 가장 큰 보람을 느낀 기부 활동은 무엇이었습니까?
289. 경제 상황이 당신에게 미친 영향은 무엇입니까?
290. 기부하고 나서 가장 큰 실망감을 느낀 때는 언제였습니까?
291. 현재 기부하고 있는 단체들에 기부를 시작하게 된 동기는 무엇입니까?
292. 인생에서 가장 간절하게 성취하고 싶은 목표는 무엇입니까?
293. 당신은 어떤 사람으로 기억되고 싶습니까?

질문이 답을 바꾼다

초판 1쇄 발행 2012년 10월 25일
초판 23쇄 발행 2025년 12월 10일

지은이 앤드루 소벨, 제럴드 파나스
옮긴이 안진환
발행인 김형보
편집 최윤경, 강태영, 임재희, 홍민기, 강민영, 박지연, 김아영
마케팅 이연실, 김보미, 김민경, 고가빈 **디자인** 김지은, 박현민 **경영지원** 최윤영, 유현

발행처 어크로스출판그룹(주)
출판신고 2018년 12월 20일 제 2018-000339호
주소 서울시 마포구 동교로 109-6
전화 070-5080-4038(편집) 070-8724-5877(영업) **팩스** 02-6085-7676
이메일 across@acrossbook.com **홈페이지** www.acrossbook.com

한국어판 출판권 ⓒ 어크로스출판그룹(주) 2012

ISBN 979-89-97379-08-8 03320

- 잘못된 책은 구입처에서 교환해드립니다.
- 이 책은 저작권법에 따라 보호를 받는 저작물이므로 무단 전재와 무단 복제를
  금지하며, 이 책의 전부 또는 일부를 이용하려면 반드시 저작권자와
  어크로스출판그룹(주)의 서면 동의를 받아야 합니다.

만든 사람들
편집 김형보, 김류미 **교정** 이원희 **디자인** 이석운, 김미연